PROSPERITY IN THE AGE OF DECLINE

衰退时代的繁荣

[美]
布莱恩·比利（Brian Beaulieu）
艾伦·比利（Alan Beaulieu）
_著

梁余音　肖赫曦 _译

中信出版集团 | 北京

图书在版编目（CIP）数据

衰退时代的繁荣 /（美）布莱恩·比利，（美）艾伦·比利著；梁余音，肖赫曦译. -- 北京：中信出版社，2019.1

书名原文：Prosperity in The Age of Decline：How to Lead Your Business and Preserve Wealth Through the Coming Business Cycles

ISBN 978-7-5086-8565-6

Ⅰ.①衰… Ⅱ.①布… ②艾… ③梁… ④肖… Ⅲ.①商业管理－研究 Ⅳ.①F712

中国版本图书馆 CIP 数据核字 (2018) 第 017075 号

衰退时代的繁荣

著　　者：[美] 布莱恩·比利　[美] 艾伦·比利

译　　者：梁余音　肖赫曦

出版发行：中信出版集团股份有限公司

（北京市朝阳区惠新东街甲 4 号富盛大厦 2 座　邮编　100029）

承 印 者：北京楠萍印刷有限公司

开　　本：880mm×1230mm　1/32　　印　　张：10　　字　　数：162 千字

版　　次：2019 年 1 月第 1 版　　印　　次：2019 年 1 月第 1 次印刷

广告经营许可证：京朝工商广字第 8087 号　　京权图字：01-2017-1964

书　　号：ISBN 978-7-5086-8565-6

定　　价：65.00 元

目录

第一章

不可忽视的结果：应对未知未来

你我都必须根据有限的所知进行艰难的抉择，这也是企业主管和投资者们需要做的日常功课。这个世界充满着不确定性，许多人都明白，未来不可预知，但荒唐的是，我们大都想当然地以为：无论是在金融、文化还是在政治上，当前的趋势都将一直延续，这种想法的前提是我们可以预知未来。因而日复一日，我们都在不断地跳入趋势、无常与风险的旋涡之中。

你常常会面对重要的决策。在美国，65% 的企业员工在 100 人以上，我们之所以选择“人”这个量词，而非作为生产要素的“劳动力”，是因为后者毫无生气，往往掩盖了你苦心决策的本质。对“人”的讨论则强调了这些决策的重要意义，以及做出错误决策的风险。换言之，你的决定将直接影响人们的生活。

在 2013 年，非国防资本品出货量为 8751 亿美元，国防资本品出货量为 1178 亿美元，很可能你也直接或间接地参与到了与此相关的决策之中。既然承诺资本（capital commitment）可能成就公司的未来，亦可能将其颠覆，你是否应该做出投资的决定？

你做的所有决策都隐含着风险，这些决策关乎公司的健康运营，关乎倚赖于你的人们的财务水平，也关乎你的个人财富与福祉。本书讲的就是如何把不确定性降到最低，将决策风险降至最低，最终创造繁荣。我们将向你展示，你对经济未来走势的预测可信度可以达到 94.7%，而且可以凭借这一洞见获得短期及更长时期的事业生活双丰收。

当然从某种程度上而言，你也是一名投资者，在市值 18.7 万亿美元的美国股市中可分得一杯羹，你的市场决策对你将来的成功与财富至关重要。在本书接下来的部分，我们将基于对美国及其主要贸易伙伴经济前景的合理预测，针对不同年龄段的人们给出投资建议。世界也许将会面对某些严重的困难，但你和你的家庭却仍能在财务方面取得成功。

我们认为，常规认知可能会造成资源的不当分配，以及不必要的忧虑。人们担心中国会垄断所有的制造业岗位，而且正在成长为世界最大的经济体，但这两者都未必成立。过去，确实有人在此假设下赚到了钱，但执着于这一假设却会导致昂贵的资本支出或个人的投资失误。当今的现实是，美国制造业占国内生产总值的比重正在上升，若仍假设中国制造势头不减，就无法获得关于未来的精准图景。而如果对未来持有错误看法，又怎能制订出 3 年或 5 年的公司成长规划，或盈利丰厚的投资策略呢？

低利率、激增的政府债务、人口老龄化是我们在本书中将要阐明的三大趋势。我们将讨论哪些趋势仍将持续，以及个人投资者与企业主应如何顺势而为。理解这些趋势，并基于此开展行动，是在全球经济下行趋势下实现繁荣的关键。

无需关注之处

在预估未来、赢取未来繁荣的战斗中，如能不受虚假信号误导,就算胜利了一半。对于无关或统计上无用的数据，就不要浪费时间去分析。我们认为，在投身于正确的方向寻找答案与洞见之前，先要学会排除错误选项。

信心指数

人们经常将企业与消费者信心指数用于判断经济周期

中的下一个拐点，但这其中的大多数指标的作用都不是十分显著，如表 1.1 所示。但是，也有一些较为有效的先行指标，我们将在后文中进行讨论。

表 1.1　信心指数与零售额的相关性

指标名称	相关系数	月数
小企业综合经营状况指数	0.11	不适用
密歇根大学消费者预期指数——月度值	0.11	10
小企业销售预期指数	0.28	2
密歇根大学消费者预期指数——变化率	0.28	7
世界大型企业联合会消费者信心指数	0.5	4
小企业乐观指数	0.58	11

常用的信心指数包括：

- 世界大型企业联合会消费者信心指数（Conference Board Consumer Confidence Index）
- 密歇根大学消费者预期指数（University of Michigan Consumer Expectations Index）
- 小企业销售预期指数（Small Business Sales Expectations Index）

- 小企业综合经营状况指数（Small Business General Business Conditions Index）
- 小企业乐观指数（Small Business Optimism Index）

让我们来依次简要解释一下表 1.1 的指数。除非特别说明，我们在比较时都采用变化率法，这种方法能够得到平滑趋势曲线，以便更容易地发现相关性和经济周期的压力。表 1.1 进一步说明了如何计算变化率，及其在预测中的价值。

我们还给出了相关系数，在此略作说明。相关系数是用来衡量两列变量关联性的数字，如果相关系数为 1，说明存在完全正相关，即通过一个数列的变动可以预测另一个数列的变动；如果相关系数为 0，说明两者的关系是随机的。因此，你总是希望找到接近 1 或 -1 的数字，因为它们能更精确地揭示第二个数列中即将到来的周期变化。通常而言，相关系数越接近 1，预测结果就越好。高相关性并非意味着万无一失，但它是帮我们预测变化的有效工具。相关性低于 0.5 的指标几乎是无用的，因为在预见下一个经济拐点方面，它们犯错的概率和正确的概率差不多，用于预测你所在的市场或你的公司状况时也是一样。在判断你所使用的信心指数是否值得一试时，要十分留意这一数据。

请注意，相关系数只是一个工具。在经济趋势研究所（ITR Economics），我们会结合自己的经验进行处理。比如两个数列的相关系数很低，我们就会寻找其中的原因，是由于波动性、随机脉冲，还是其中一个数列出现了特殊情况（比如某个公司发生了一笔收购）。尽管相关系数在解释上存在主观性，但它们仍能用于判断各个信心指数在预测零售数据（零售业对美国的经济有 67% 的贡献）和美国整体工业产出（这是我们对美国经济整体情况的衡量标准）上的大致有效性。

“月数”一列是指候选的先行指标的峰值或谷值与第二个数列中随之出现的峰值或谷值之间时差的中位数。你可能注意到这一列中存在“不适用”的情形，这是由于对应的相关系数表明，数据结果并无意义。需要注意的是，虽然在处理变化率时，四个月乃至更短的领先期仍然有用，但是最好还是把它看成是用来确认原有看法的一个值。在这个时间段内如果发生指标变动，是否应该认为经济已经开始转向呢？事实上这完全取决于你的判断，是相信先行指标发生了方向性变动，还是将其视为统计噪声。七个月或是更长的领先期是较为理想的，这能给企业主留出时间来采取措施，提升或降低企业活动水平。

在表 1.1 中,我们采用报纸或其他媒体公开报道的数据，将不同信心指数按相关系数由低到高排列，我们估计你会感到惊讶，因为有些看起来很像样的指标实际上表现并不尽如人意。

你也许还注意到了表格中有一个被广泛使用的指标——密歇根大学消费者预期指数。这个数据每月生成，并受到媒体及众多企业主的虔诚追捧。但正如你在表 1.1 中所见，这个支持者无数的月度数据与零售额变化率的相关系数很低（0.11），几乎毫无价值。图 1.1 展示了这个备受推崇的月度数据与零售额月度数据的走势对比。如你所见，它对想要预测消费水平的零售商、分销商或制造商可谓毫无价值。

表 1.2 以美国工业生产指数（U.S. Industrial Production）替代零售额（在表 1.1 中使用的变量）检验其与信心指数的关系。其中，世界大型企业联合会消费者信心指数的相关系数最高，达到了令人惊叹的 0.85。但是，它领先整体经济走势仅有短短的四个月。小企业乐观指数与经济水平的关联性为 0.70，虽有一些作用，但也存在误差空间。如果没有引入其他先行指标加以佐证，你最好不要把它当成一

个完美的预测工具予以信赖。

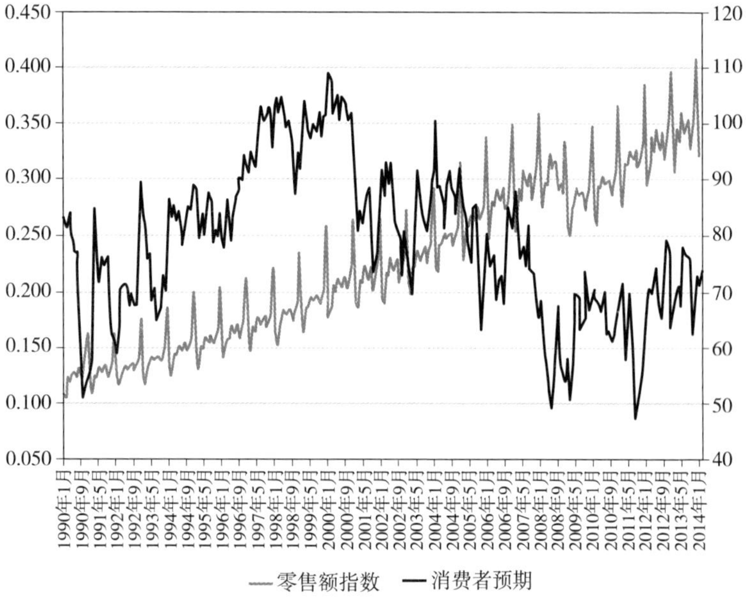

图 1.1　零售额（不包含汽车）与密歇根大学消费者预期指数

表 1.2　信心指数与美国工业生产指数的相关性

指 标 名 称	相关系数	月数
小企业综合经营状况指数	0.13	不适用
小企业销售预期指数	0.25	3
密歇根大学消费者预期指数	0.56	10
小企业乐观指数	0.70	6
世界大型企业联合会消费者信心指数	0.85	4

还有些与商业信心无关的常见先行指标，其中一些表现非常优异。但是表 1.3 中的大多数指标虽然都很常用，但表现并非都很出色。

表 1.3　先行指标与美国工业生产指数的相关性

指标名称	相关系数	月数
小企业综合经营状况指数	0.13	不适用
世界大型企业联合会美国先行指数——月度	0.11	-8
住房开工率	0.62	8
采购经理人指数——月度	0.81	9
经济趋势研究所先行指数——月度	0.83	11
世界大型企业联合会消费者信心指数——1/12 变化率	0.90	4

令我们自豪的是，经济趋势研究所先行指数（ITR Leading Indicator）是相关系数和领先期综合考虑下的最佳选择，这是我们的专利指标，在预测中会大量使用到它。

要取得最为稳定可靠的结果需要使用一组先行指标。与经济周期正相关的企业可以使用经济趋势研究所的先行指数、美国供应管理学会（Institute for Supply Management）的采购经理人指数，以及世界大型企业联合会的消费者信心指数，以获得对下一个经济拐点的全面认识。这几个指标都没有将企业或消费者信心作为判断未来的唯一标准，而是分别采用了一系列经验数据。

表 1.4　先行指标与欧洲工业生产指数的相关性

指标名称	相关系数	月数
欧洲先行指数	0.62	11
欧洲出口量	0.75	–3
欧洲经济信心指数	0.87	3

从表 1.4 中我们可以看到,信心指数在美国的用处不大,但是在欧洲的表现却要好得多。它们的主要缺点在于领先时期过短。最佳指标——欧洲经济信心指数的高点与低点仅领先于欧洲工业生产指数三个月，而确认指标走势真正发生变化需要的时间往往要长于三个月；在你确认指标发生转向之时，经济情况可能早就已经转向了。

政治

想要判断经济未来是扩张还是收缩，看两党孰强孰弱对此毫无帮助。纵观美国经济历史便可发现，无论是在共和党执政期间还是在民主党执政期间，经济扩张水平都基本一致。抱歉这让你们感到失望,但在统计上确实毫无差别。

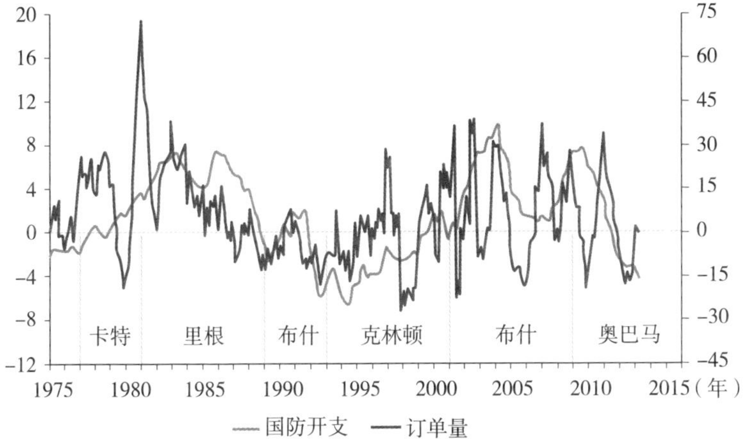

图 1.2　国防开支和国防资本品订单量

总统选举年经济会扩张也是一种流行说法。自联邦储备委员会（Federal Reserve Board）设立以来，美国经济有 25%（100 年中有 25 年）的时间处于衰退期，但根据我们经济趋势研究所的数据，34.7% 的总统选举年都发生了经济衰退。投资者与企业家不能仅仅因为总统选举在即，就指望能从经济发展中获得什么额外的收益。

在美国另一种流行的说法是，共和党倾向于增加国防开支，而民主党会削减国防拨款。总统一般被认为是所在党的旗手。共和党人入主白宫被视为国防行业的利好消息，而民主党人进驻宾夕法尼亚大道 1600 号则恰恰相反（见图 1.2）。

基于这种错误假设来预测国防产业的人往往会站错队，要么错过了国防开支增加带来的丰厚利润，要么在低谷到来时才发现雇员太多、现金太少。

联邦储备委员会（相当于其他国家的中央银行）

1913 年 12 月，《联邦储备条例》（*Federal Reserve Act*）在伍德罗·威尔逊（Woodrow Wilson）总统的签署下生效，联邦储备系统自此设立，一般简称为“美联储”，或按其管理机构称之为联邦储备委员会（FRB）。其目标是为国家提供更为安全、灵活、稳定的货币与金融系统。美联储的职责主要有以下四个方面：

（1）通过调节利率与货币供给，实施货币政策，影响货币与信贷水平。首要目标是使就业充分，价格稳定。

（2）监管银行与其他重要的金融机构，确保国家银行与金融系统的安全有序，保护消费者的信贷权利。

（3）维持金融系统稳定，抑制任何可能在金融市场发生的系统性风险。

（4）向美国政府、美国金融机构及国外官方机构提供特定的金融服务，并在运行与维护国家支付体系中扮演重要角色。

这些当然是保障美国经济健康运行与个人福祉的重要目标。成长中的经济会创造工作岗位，但增长速度过快时也会引发通货膨胀或制造资产泡沫，就好似2000—2007年间的住宅价格。因此美联储致力于保持适当的经济发展速度，以及在可能的情形下避免经济衰退，因为在衰退时期就业非但无法增长，还会存在大量裁员的风险。

人们相信美联储管理经济的能力，包括企业主和政客在内。他们十分信任这种管理的有效性，并认定美联储知晓何时采取何种行动。然而事实证明，美联储在保持大致恒定的增长水平、避免衰退、提供就业等方面却没有那么擅长。

自美联邦储备系统正式依法设立以来，100年中共发生了18次经济衰退，造成了美国总计25年的工业产值下降（我们倾向于将工业产值作为衡量经济活跃水平的标准）。也就是说有18次，美联储要么为了终结一次本就该被第一时间阻止的通货膨胀而引发了危机，要么是没能预见下行拐点的到来并及时采取措施。而第三种可能是，就算是拥有巨大权力的中央银行也无法控制如此庞大的经济体。

很显然，经济衰退对就业造成了沉重的打击。仅是前三次衰退就导致私营部门减少了 1273.2 万个就业机会。在自由市场经济面前，美联储的能力显得非常有限，根本无法阻止这一切的发生。这并非是由于它的无能，或者是需要被赋予新的权力，这恰恰体现了自由市场体系的复杂功能与神奇力量。任何由市场驱动的经济体——哪怕只是部分市场化——都会经历扩张与紧缩。远在美联储及其他中央银行创立之前，这种律动就已在全球各个经济体中反复发生。

美联储声称其目标是提供银行系统与金融市场的稳定性，那么理应质问的是，2007 年与 2008 年到底发生了什么？那时美联储又在哪儿呢？事实上，它根本没有预见大衰退即将到来，完全辜负了其维持银行业与金融市场健康运行的使命。

21 世纪第一个十年的大趋势的结局原本可以被预见到。2007 年 6 月，经济趋势研究所便通过《经济趋势报告》（*ITR Trends Report*™）向读者发出了警告，股价即将进入下跌行情，应该转向退出。两个多月后，漫长的下滑开始了。恰当的准备令客户们幸免于难，他们没有遭受上百万美元的损失，不必彻夜难眠。

请看看美联储主席伯南克（Bernanke）在其任内的观察与言论。

在2001—2002年的经济衰退之后，房价经过低谷期，急转直上，成千上万名房主在这轮暴涨中获利，你或许也是其中之一。许多美国人都相信，新时代已经到来，房市会永远如此繁荣。伯南克应该也作如是想，因为他在2006年2月发表言论："住宅市场的热度现在有所下降。我们认为市场活跃度的下降或减慢只是暂时现象，住宅价格很可能将继续上涨。"不曾想2006年6月，住宅价格见顶。

2007年5月，伯南克说道：

"一切都表明，由于支撑住房需求的基本面因素仍然存在，我们相信次贷危机对更广阔的住房市场影响有限。同时，次贷市场对经济其余部分或金融系统不会有明显的间接影响。绝大多数抵押贷款，甚至包括大多数次级抵押贷款仍将继续表现稳定。房价上涨使大多数业主的资产大幅增值，而就业与收入的增加将使多数业主的债务保持在可控范围。"[①]

你大概还记得，2006年10月房价开始下滑，并一路跌

① 《次级抵押贷款市场》，伯南克在芝加哥联邦储备银行第43届银行结构与竞争年会上的演讲，伊利诺伊州芝加哥市，2007年5月17日。

到了 2011 年 3 月。

想要看清房价的上涨走势，同时预见其下跌趋势，这并非不可能之事。在价格上升初期，我们鼓励客户买入更多不动产，因为未来还将大幅上涨[①]。住房价格在 2003 年、2004 年及 2005 年分别上涨了 3.4%、13.8% 和 7.5%。而在 2006 年 3 月，我们担心客户将要卷入一场大萧条，认为他们应当停止继续借贷，并积累现金储备。我们提出警示，称衰退将始于 2008 年，蔓延至 2009 年，相较 25 年前的任何情形都更为糟糕。2008 年年初，危机如期而至，最低点比 2006 年的预测值仅仅低了 2.3 个百分点。

2008 年 1 月，伯南克说道："美联储目前并未看到衰退的迹象。"[②]但工业生产指数月度数据从 2007 年 11 月开始下行，季度移动均值数据则从 2008 年 3 月开始下降。2008 年第三季度，国内生产总值（GDP）见顶。即使衰退已迫在眉睫，美联储仍然在做着不靠谱的预测。2008 年 6 月，在波士顿举行的美联储第 52 届年度经济会议上，这位主席还表示：

① 经济趋势研究所，《经济趋势报告》，2003 年 1 月，第 1 页概要及之后的分析部分。

② 美联社，"伯南克：美联储准备再次降息：'我们已做好准备采取进一步实质性行动。'美联储主席称"，NBCNews.com，2008 年 1 月 10 日更新，www.nbcnews.com/id/22592939。

“经济陷入实质下行的风险已在过去数月中逐步化解。”[①]

美联储与国会没能阻止衰退，也无法消除金融系统的固有风险，因为这根本是项不可能的任务。指望他们提供持续的稳定性或是精确的预测是完全不明智的。在房利美（Fannie Mae）和房地美（Freddie Mac）破产并被收归国有的两个月前，伯南克还声称它们将挺过这场风暴。他要么是在故意误导整个国家，以试图重建信心，要么就真的是太过短视。无论真相为何，都让人不得不质疑他的公信力，也让我们不禁疑惑：为什么这么多的人要向美联储寻求对未来的指引。实际情况是，美联储既不善于预见未来的麻烦，也不善于向我们传达相关信息，更不善于控制金融市场的风险。

即使能对未来的情形了然于胸，对于复杂的金融体系也不可能就会轻易控制。基于历史，我们可以笃定地做出这个论断。如果立法或监管有可能杜绝经济风险，那么此前在美国、欧洲、加拿大及所有其他地区致力于防范经济和市场紧缩的立法努力便早该奏效，但这些努力在过去都以失败告终，在未来也将一样。自 1913 年以来，美国已对

① 克雷格·托雷斯（Craig Torres）与斯科特·兰曼（Scott Lanman），“伯南克称‘实质下行’风险已化解”，彭博资讯，2008 年 6 月 9 日，www.bloomberg.com/apps/news?pid=newsarchive&sid=aH6u3wsqwMFM。

股票市场进行了24次修正。这些立法希望能够避免2008年金融危机的发生，然而事实并非如此。现在，我们拥有了一部关于银行与金融立法的鸿篇巨制，即《多德-弗兰克法案》，美联储也提高了对银行与金融业的监管与报告要求，人们相信这将会避免问题再次发生。别傻了，历史依然会重演。银行与金融机构会找出新的路径来规避现行法律，这些路径又将会为系统带来更多风险，直至系统再次崩溃。华尔街的银行与投资公司在高风险的游戏中是如此富有创造力，如此善于应对法律，没有哪个机构能保护我们避免风险的恶果。金融系统灵活如水，流转不息，中央银行不可能预知这个行业的无穷创举。

达拉斯联邦储备银行主席理查德·费雪（Richard Fisher）——同时也是重要的决策机构联邦公开市场委员会（Federal Open Market Committee，简称FOMC）的成员——曾在2012年发表如下言论："哪怕是最好的情形下，联邦公开市场委员会的经济预测和利率规划也纯粹是瞎猜，"[①]不仅如此，他还说道，"联邦公开市场委员会发表的预测都是

① 《美联储费雪：联邦公开市场委员会的预测"全是瞎猜"》，实时经济（博客），《华尔街日报》，2012年2月3，http://blogs.wsj.com/economics/2012/02/03/feds-fisher-all-fomc-forecasts-are-guesses。

看准时机的策略性决定，有更为广阔的战略背景”。这段话的意思是，他们的言论可能是为了契合其希望实施的政策。比如说，一位“通胀鸽派”[①]（inflation dove）人士可能会为了保持低利率在预测未来的通胀水平时将会较低。

报纸与媒体

在预测未来方面，我们最大的竞争对手就是《华尔街日报》（*Wall Street Journal*）、英国《金融时报》（*Financial Times*），以及其他权威财经媒体，因为人们相信白纸黑字印下来的能经得起验证和付诸实施的真理。但事实并非如此，即使是最有声望的报纸，也并非提供准确经济预测的行家里手，他们的专长在于出售报纸。

大部分纸媒在其报道的内容中都隐含了既定的立场、观点或倾向性，其他媒体或多或少也有这个问题。杂志、期刊、电视、广播、互联网，甚至是博客，它们大多都有试图宣传的某种立场。

在过去，新闻报道被认为是客观中立的，多数民众都

---

① 译者注：“通胀鸽派”认为通货膨胀对经济影响很小，并不会造成危害。

认为它们值得信赖，但这一点已经彻底改变了。当媒体大肆扩张，尤其是进入互联网与博客之时，许多渠道正变得更为专业化，也更加具有倾向性。很多媒体在不遗余力地推销某个特定立场或观点，有些是保守派，有些是自由派，还有的居于两者之间。对这些人我们并无批评诋毁之意，因为这似乎是社会文化的一部分，也或许就是人之天性。

更糟的是，我们现在有了专业的财经媒体，每一家都培养了大量评论员，等不及要向我们倾吐关于未来的看法。这些评论员总是互不认同，在媒体上大打嘴仗，太容易把人绕晕。这些媒体从业者的职场得意与其说是因为精准的预测能力，倒不如归功于他们的颜值高、口才好、段子多。

经济趋势研究所预测的准确性

知道哪些因素无须关注只是答案的一半，投资者与决策者们更需要知道哪些信息值得关注。经济趋势研究所长期以来的预测都非常准确，正因为如此，我们的预测分析常被大量各行各业的公司用来制订战略规划（在 www.itreconomics.com 可以浏览我们的客户名单），无论多大规模、何种类型的公司，都会信赖我们可靠且客观的预测结果。

我们没有政治目的，除了力争预测正确之外，也并无其他目标。我们所做的一切只有一个目的，即向我们的客户提供可靠并可以执行的预测。

自 20 世纪 80 年代以来，我们对宏观经济走势长期预测的准确率达到了 94.7%[①]，这就是我们的业绩。表 1.5 和表 1.6 展示了我们对 2011 年美国及全球其他市场经济情况预测的准确率。请注意“提前时间”一栏，这是指做出预测的时点距离 2011 年年底的时间长度。例如，对美国国内生产总值将达到 13.525 万亿美元的预测是在 2010 年 6 月做出的，距 2011 年底有 18 个月。我们提前 18 个月就获得了 98.6% 的准确率。这一点极为重要，因为其他公司总在不断调整他们的预测，一年里预测值很不稳定，让他们的客户对其下一年究竟会如何发展十分茫然。而我们的客户则在 2011 年还未开始之前，就已对年底的情形了如指掌。

---

① 根据适用性，我们对目标数列计算了其 12 个月移动平均（month moving average）或 12 个月移动总量（month moving total）的平均绝对误差率（mean absolute percentage error），并按最早预测时点之后的数据修订情况，对结果进行了调整（如果 12 个月移动平均值向上修订了 10 个单位，在计算准确率之前，我们也会将预测值同步向上调整 10 个单位）。我们将一段时期内（如预测时点后的四个季度）所有的预测误差列出，并计算出误差率的平均值。此处的准确率数据即为误差率的倒数。四个季度后 97% 的准确率，即指所有序列的 12 个月移动平均（总量）的预测值与四个季度后真实值具有 3% 的平均偏差。

表 1.5　经济趋势研究所预测准确率（2011[①] 年）——美国

指标	提前时间（月）	预测值	实际值	
美国国内生产总值（万亿美元）	18	13.525	13.332	（-1.4%）
美国工业生产指数	11	93.1（12 个月移动均值）	93.8	（0.8%）
欧洲工业生产指数	11	101.1（12 个月移动均值）	101.2	（0.1%）
加拿大工业生产指数	21	96.0（12 个月移动均值）	96.0	（0.0%）
零售额	18	2.116	2.106	（-0.5%）
住房	17	579	607	（ 4.8%）
就业人数（亿人）	20	1.411	139.9	（-0.9%）
消费价格指数	17	2.9%	3.2%	（10.3%）

注：表中括号内的数值表示实际值相较于预测值的增长幅度。

表 1.6　经济趋势研究所预测准确率（2011 年）——其他国家

国家 / 地区	提前时间	准确率（%）
德国	12	98.0
法国	18	99.9
意大利	18	99.9
英国	18	99.9
西班牙	18	98.6
中国	17	96.7
日本	15	95.9
巴西	14	96.7
欧盟	14	94.1

① 原文为 2012，应为笔误。——译者注

表 1.7　经济趋势研究所预测准确率（2012 年，美国）

指标	提前时间（月）	预测值	实际值	
美国国内生产总值（万亿美元）	12	13.593	13.648	（0.4%）
美国工业生产指数	31	97.2（12 个月移动均值）	97.2	（0.0%）
欧洲工业生产指数	12	100.4（12 个月移动均值）	98.8	（−1.6%）
加拿大工业生产指数	8	96.7（12 个月移动均值）	96.7	（0.0%）
零售额	30	2.186 万亿美元	2.131	（−2.5%）
住房	6	743	780	（5.0%）
就业人数（亿人）	33	1.425	142.5	（−1.0%）
消费价格指数	9	2.8%	2.1%	25%

表 1.7 和表 1.8 是 2012 年对美国国内外经济预测的准确率。对次年美国国内生产总值的预测是在 2011 年 12 月做出的，整整一年前的估计值与真实情况仅有 0.4% 的偏差。对于遍布全球的超过 600 个行业，我们提前 12 个月的预测准确率达到 94.6%，这个精度会为我们的客户带来独有的竞争优势，对于规划资本支出预算、人力变动、租约谈判、固定成本合同谈判等至关重要。精准的预测为繁忙的企业主们减少了笼罩在决策制定过程中的种种不确定性。

表 1.8　经济趋势研究所预测准确率（2012 年，其他国家）

	提前时间	预测值	实际值	
英国工业生产指数	13	101.2（12 个月移动均值）	99.0	（ 2.2%）
欧盟国内生产总值（万亿欧元）	12	2.922	2.931	（0.3%）
欧盟工业生产指数	12	100.4（12 个月移动均值）	98.8	（-1.6%）
中国工业生产指数	7	472.5（12 个月移动均值）	474.2	（-0.6%）
墨西哥工业生产指数	7	121.0（12 个月移动均值）	121.2	（-0.2%）
全产业	12		5.3%	

表 1.9 是经济趋势研究所对 2013 年美国国内外经济预测的准确率。2013 年年底美国国内生产总值比我们在 12 个月前预测的高出 0.7%，工业生产指数则比我们期望的低 0.3%。于 12 个月前做出的住房数据预测误差最大，达到 −2.3%。尽管相较于其他预测公司，我们对住房市场的展望已经要保守得多，但仍然稍显乐观了些，真实数据比我们 12 个月前预期的要低 2.3%。

表 1.9　2013 年经济趋势研究所预测准确率

指标	提前时间	预测值	实际值	
美国国内生产总值（万亿美元）	12	15.818	15.966	（0.7%）
美国工业生产指数	10	99.9（12 个月移动均值）	99.6	（-0.3%）

续表

指标	提前时间	预测值	实际值	
欧洲工业生产指数	20	101.9（12个月移动均值）	100.6	（-1.3%）
加拿大工业生产指数	15	98.7（12个月移动均值）	97.8	（-0.8%）
中国工业生产指数	9	522.6（12个月移动均值）	520.1	（-0.5）
住房	12	945	923	（-2.3%）
零售额（万亿美元）	18	2.189	2.200	（0.5%）
就业人数（亿人）	24	1.443	143.9	（-0.3%）

第二章

从来就没有不变的稳定状态：大势到来时的趋势与假设

2008—2009年的萧条之后，企业主、政客、经济学家和各类评论员们争相定义什么是“新常态”。老百姓感到世界正在发生翻天覆地的变化，原来熟悉的生活变得难以企及，前方还有新的危险在等待。未来或许确实更为危险，但如果说某种特殊的力量凭空打破了我们的生活现状，这想法可就大错特错了。经济状况总在发生变化，而这只是其中一次。通常只是因为人们的感知和记忆偏差，才使这些变化如同地震一般突然，而实际情况要平缓得多，而且几乎总能被预见到。需要指出，人们认为“中国正在超越美国”，而且总是记着“通胀之后不会通缩”这类错误的老话，这两者正在联手发挥作用，使我们几乎不可能看到准确的未来。如果一个人展望未来所依赖的驱动性趋势正在减弱，正在被更新且关联性更强的趋势所替代，那么他的预期岂不是也会成为无源之水？

21世纪初的稳态已被打破，此时的情形又与20世纪

90年代截然不同，90年代与80年代差异显著，70年代又完全是另外一回事儿。我们认为，所谓稳态只是一种短期现象，只有变化才是唯一可靠的永恒。新常态是什么？和旧常态一样：未来必将与现在不同。

不幸的是，线性预测似乎已内置在人类的程序里。人们通常期望现状会永远持续，如果现状已在一段时期内深入人心，就更是如此。许多时候，持有这种期望并无大碍。如连续两天下雨后，不妨问问当地人明天的天气会怎样。某天的工作不顺利会让一个雇员对工作前景抱怨连天，完全忘了过去几年的工作其实都还不错。这些日常情境让你觉得理所当然。线性思维还体现在更多地方，当人们相信他们正处于稳定状态之中，现状还将持续不变，他们就不会考虑未来的其他可能性，并为此做好准备。对于一个公司或一个投资者而言，缺乏对未来变化的开放态度可能会招致灾难性的结果。无论是企业还是个人，都需要准备好应对剧变，并知道哪些是真正的大趋势，哪些只是暂时性的干扰。

从本章开始，我们将分析过去那些人们以为会永远持续的趋势，然后谈谈当前被广泛接受、仿佛不可动摇的假设。最后，我们将着眼于那些正大行其道但无法持续的趋势。

要在这个衰退的时代中获得繁荣，企业与个人都应以此为基础来采取行动。

将会戛然而止的“大势”

人口增长过快将使人类灭绝

在 20 世纪 70 年代接受教育的人应该都记得一篇关于人口增长的必读课文，写的是在惊人的人口增速下，地球的有限能力将无法承载未来的生命。事实上，这种论调早在几个世纪前就已经出现了，1798 年，托马斯·马尔萨斯（Thomas Malthus）就在一篇论文中提出了这种观点。

托马斯·马尔萨斯的假设十分简单，由于食物产量呈算术级增长，而人口繁衍则是呈几何级增长，因此前者将无法满足后者的需要。在 1798 年写作之时，他假设英国人口将增长至 1.21 亿，而食物产量不可能支持超过 7 700 万的人口；到 19 世纪末时，理论上会有 4 400 万人被饿死，战争、疾病、贫困将接踵而至。他的逻辑看似十分合理，将美国早期的真实人口增长率视为人类在无约束情况下的繁衍能力，基于此数据估算得出人口增长率；在确定 100 年后的食物产量时，他计入了所有可能使用的土地，也考虑了当时所有的技术手段。

但他的错误显而易见，即以线性思维推导食物产量，将农业技术停滞不前作为假设前提。麦考米克（McCormick）发明的收割机、约翰·迪尔（John Deere）和李奥纳德·安德鲁斯（Leonard Andrus）发明的钢犁、实用的播种机、第一部谷物输送机、实用割草机、灌溉法、混合化肥的商业销售等都出现在19世纪，但这位灾难预言者对所有这些进步均一无所知。

人类智慧创造的价值在历史长河中闪闪发光，令人钦佩，但这并未阻止人们追随马尔萨斯武断的论断，认定人口增长将会危及全人类，食品问题则是其中的重要原因。举个例子，保罗与安妮·欧利希在其1971年的著作《人口炸弹》（*The Population Bomb*）的封面上写道："控制人口还是种族灭亡？"其中隐含的假设很简单，庞大需求与有限供给将会使食品与能源价格飙升，引起人类的大范围饥荒。他们呼吁在全世界推行严格的人口控制措施，认为应该在供水系统中加入绝育药品，甚至更严厉（且毫无必要）的手段。20世纪70年代的每个在校生都记得这本书，以及对人口持续增长的未来感到恐慌。

继《人口炸弹》之后，唐妮拉·米道斯（Donella Meadows）、丹尼斯·米道斯（Dennis Meadows）、乔詹·兰德斯（Jørgen Randers）和威廉·贝伦斯（William Behrens III）又于1972年写下了《增长的极限》（*The Limits to Grouth*）一书。这本书是马尔萨斯理论的现代版，只是将人口增长定义为指数级，而技术对资源的拓展能力为线性增长。他们强调自己不会像马尔萨斯那样塑造末日场景，但在他们设置的三个可能情境中，有两个都以21世纪的大崩溃告终。尽管这一切并未发生，但50岁以上的人可能还记得读过这本书，并“学到了”生育太多孩子是危险的理念。这种信念至今还如影随形，虽然人类适应新材料与新技术的能力已有目共睹，令这种说法不攻自破，但持有家庭人口多会有害社会，人口控制势在必行观点的仍大有人在。

个人与企业如果接受了这种思维方式，以为这就是大势所趋，就可能将资本与精力投入毫无利润空间的领域，假使他们还愿意投资的话（如果已经临近世界末日，为什么还要费心投资呢），跟随这一趋势，投资者就不会购买土地建造房屋，不会投资商品期货，也不会在通胀发生之前大举借贷。企业主会因此而错失良机，将团队带向歧途。

石油会一直这么便宜

超过50岁的读者可能还记得，石油价格曾一度非常低廉，而且似乎会一直如此。20世纪50年代的油价大约在2.60~3.10美元/桶的范围内波动，此后10年间，价格区间甚至收窄到3.00~3.40美元/桶。宽松的能源价格仿佛会天长地久，于是制订能源预算显得十分容易，没有理由认为经济形势或油价会发生大幅变动。从1970年初到1973年12月，价格开始逐渐上涨，猛涨至4.30美元。此后形势似乎再一次稳定，油价低廉的大趋势好像更加合理了。但就在1个月之后，每桶原油的价格飙升至10.10美元，此后7年间，价格涨了3倍，达到每桶32.50美元。

这轮油价上涨始于1971年，受到了美元走弱的影响。理查德·尼克松（Richard Nixon）在1971年决定放弃金本位，引发美元贬值。石油输出国组织（OPEC）以提升油价来应对布雷顿森林协定（Bretton Woods Accord）。1973年10月爆发的赎罪日战争（Yom Kippur War）使局势进一步紧张，OPEC以石油为武器，宣布对支持以色列的国家实施石油禁运，其中也包括美国。

石油价格的快速上涨是对产油国的一大福利，但却引发了美国及其他石油进口国的能源通胀。这段时期经济停滞，通胀高企，也就是所谓的滞胀。OPEC 成员国在西方国家大发横财，而工业国家也逐渐适应了这一现实。此外，美国和其他国家开始转向发展新型节能科技，如节能汽车。美国乃至世界的新能源时代就此开始。

1973 年 12 月到 1974 年 1 月，这些变化初露端倪并迅速发展,之后则是漫长而痛苦的10年通货膨胀与发展停滞。前 20 年形成的稳态荡然无存，没能跟上形势的企业主濒临破产，拜倒在步步高涨的能源价格之下。在这之后的 70 年代末至 80 年代初，充斥着石油价格最终将达到每桶 400 美元的预测，石油峰值论（Peak Oil Theory）成了新常态下的金科玉律。正如福特总统所言，“钟锤已经摆到了最高点”。

70 年代前半叶的观点是石油会永远便宜，然后来了一场大恐慌，人们就转而觉得石油价格会永远上涨。这两种看法都是错误的，会导致人们在期货市场与存货管理中做出错误的决策，并为此付出沉重的代价。我们不知道降低全球对石油的需求，进而拉低油价的下一代科技将会在何时到来。我们能告诉你的是，能源需求还将继续增长，油价的上行压力也仍将是主旋律，直至新技术淘汰石化能源。

天然气会起到一些替代作用，但前提是其在工业、家庭及发电中的使用率较之目前能有所提升。

日本将超越美国，成为世界经济主力

日本与美国的贸易伙伴关系开始于19世纪后期。“一战”中日本与美国站在同一阵营，而在甲午战争和日俄战争中，两国也是盟友。日本在20世纪30年代的大萧条（Great Depression）时期为美国提供了经济实惠的商品，同时也是重压下美国企业重要的出口目的地。“二战”的爆发使美日互惠关系突然中断，当然，由于美国对日本的出口超过了日本对美国的出口，这段关系其实对美国更为有利。战后日本于1952年重获自决权，在双方认可的基础上实施了以出口为导向的战略，由此限制了美国对日本的出口。之后的13年间，日本作为美国贸易伙伴的重要性与日俱增。这听上去与早期的中美关系十分相似，确实，这其中有许多共同点，也有许多值得借鉴之处。

1952—1965年，美国享受着大量日本制造的消费品，双方关系尚属友好，接着事态发生了转变。1965年，随着日本对美国的出口达到了24亿美元，而美国对日本的出口仅为21亿美元，贸易的天平发生了倾斜。最畅销的日本商品是收音机和电视机，贸易失衡在此后的20年间愈演愈烈。

1970年从索尼开始，一些日本企业陆续在美国设立分部，为美国创造就业岗位，并在本地制造美国消费者中意的商品。尽管如此，恐慌情绪还是开始滋生，美国人开始担心日本会利用他们高超的科技水平、令人赞叹的制造技术、投美国人所好的制造能力，成为压制美国的经济势力。

对日本力量的恐惧伴随着1973年的石油危机不断滋长，丰田、日产和本田生产的节能汽车在石油匮乏的国家广受欢迎，而通用、福特和克莱斯勒则明显落后了10年。

贸易冲突从70年代开始，持续时间超过10年之久。因为担心涉及国家安全的关键技术流失，美国人在1987年叫停了富士通对美国制造商飞兆半导体的收购，使这种冲突态势更为紧张。

这时的美国麻烦不断，面临核心企业的岗位流失、增长放缓，重工业部门尤其困难。日本企业在美国高歌猛进，而与此同时，美国企业则在多年通货膨胀下显露疲态，在对新技术、新方法、新市场的再投资上毫无建树。当日本成为美国的第二大境外投资国时，美国人更加害怕，他们担心日本会通过收购掏空美国。索尼于1988年和1989年分别收购了哥伦比亚广播唱片公司和哥伦比亚影业，再次加剧了这种恐惧。

这种恐慌情绪引发了美国对日本的抵制抨击。民众深信日本企图收购控制美国，而美国毫无还手之力。美国政府与所谓的收购进行抗争，政客们怒斥日本莫须有的不当得利，商人们则忧虑如何与这个科技驱动的伟大国家竞争。制订战略，发起诉讼，数不尽的时间被用于对抗这并不存在的未来。当日本的经济泡沫破裂时，警报终于解除，蔓延十几年的恐惧结束，而所谓的基本假设则被全盘推翻。讽刺的是，不仅我们不再害怕日本，大家甚至不再谈及日本了。哪怕现在从日本的进口额已经超过了对其出口额的两倍，贸易逆差达到了惊人的738亿美元，都已经变得无关紧要。日本从聚光灯下迅速离场，这使那些认为日本势不可当，并以此为前提构建未来图景的公司备感无助。从现在来看，80年代后期的对日投资并不明智，日本制造的势力很快就让位给了新的全球竞争者——中国。如果企业的眼光只盯在日本身上，就会错失巨大的商机。

通货膨胀

年轻的读者或许并不了解 20 世纪 70 年代的生活，因而也不知道如何在通货膨胀时期领导一个企业。距离上次系统性长期通胀已经整整一代人的时间了。

我们刚刚讨论了美国对日本的恐惧期，而在这期间还有另一种情形踯躅不去，仿佛会永远停留在经济版图中，那就是通货膨胀。当时物价的上涨实实在在，存在于生活与商业的方方面面。无论是雇佣、采购、销售、长期合约还是计算方法，企业主在做任何决策时都不得不考虑通胀因素。通胀成了日常经营环境的一部分，而且被认为会一直持续。这在当时也已经成为一种全球性现象。

1965 年 11 月，美国消费者价格指数（Consumer Price Index，简称 CPI）为 1.6%，数值并不算高，却标志着通货膨胀已悄然开始。仅仅 4 年后，消费者价格指数已经升至 6.2%，而且并未就此止步。1974 年，发达国家的平均通胀水平达到 13%，并在此后 8 年中维持在 7%~12% 的水平。当时人们很难想象在这样的环境中经济和企业要如何运行，但他们别无选择。截至 1981 年 9 月，美国消费者价格指数达到了 11% 的峰值。

美联储主席保罗·沃克（Paul Volcker）决定放手一搏，采取货币紧缩政策来消灭通货膨胀。他最终获得了胜利，然而付出的代价则是20世纪80年代初期的经济低迷。1986年5月，消费者价格指数重回1.6%，离螺旋上升的起点已经过了整整20年。

彼时，企业的战略规划都是围绕着通胀模型展开的。他们别无选择，唯有屈服于线性思维，相信通胀就是生存之道，定价模型、工会谈判、管理决策都建立在这种假设之上。对无尽通胀的预期使管理层向工会要求的工资与养老福利让步，而这最终导致了多个公司破产，其中就有2009年著名的通用汽车破产事件。联邦及各州、县、区政府，乃至整个国家，都背负了大量无从着落的债务，其根源便是对通胀的误判。通货膨胀已经一去不复返，但基于通胀模型的养老金计划和与之相关的债务却留存至今。

住宅泡沫

新建住宅价格从2002年7月的低点175 600美元（全美中位数）开始逐步上行。得益于《社区再投资法案》（*Community Reinvestment Act*）、联邦储备委员会和巧妙玩转衍生品的金融界，当时的资金成本十分低廉，抵押贷款唾手可得。抵押贷款支持证券（mortgage-backed securities）让银行和抵押放款公司能够以极低的利率、优厚的可变利率条款提供贷款。宽松的信贷、节节攀升的房价、轻易的财富增值成为常态，似乎是人人都能效法的成功宝典。男女老少都相信这是大势所趋，可以源源不断地创造财富。到 2006 年 2 月，新建住宅价格的中位数已经飙升到 250 800 美元，二手房价格从 2001 年 12 月到 2006 年 6 月也上涨了 69 900 美元，个人财富如吹气般膨胀。这是段美妙的时光，多数人从未想过住宅与金融市场会有崩溃之日，这其中也包括美联储的伯南克博士。

正如在第一章中所言，我们曾在 2003 年 1 月鼓励客户买入不动产，而到了 2006 年，我们开始警示客户前方危险，建议他们做好资金和其他方面的储备。经济趋势研究所警告称，衰退将开始于 2008 年，并贯穿 2009 年，历史已为此提供了明证。

对房产泡沫的笃信使数百万美国人的财务状况从捉襟见肘走向全面崩溃，另有数百万人也因大裁员受到牵连。灾难的迹象其实早已表露，但前提是你得相信，现状不会一成不变。

股票市场

2003年2月，标普500指数由低转高，资金开始涌入股市，孕育了一轮上涨趋势。此后的5年投资者安享牛市，目睹市场总共上涨了84.2%。年轻人计划着50岁就退休，而年长一些的则梦想着度过金色晚年。他们为这种日渐风行的想法付出了惨重的代价。因为市场急转直下，股票市值在2007年10月至2009年2月蒸发了52.6%。401（k）等退休账户受到毁灭性打击，原以为能安然退休的人们不得不继续工作，重新积蓄养老金。

不可持续的当前趋势

中国

中国经济已经持续增长了几十年，这当然算是一个重要趋势，而且在大多数人心中，这一趋势近期内肯定还不会终结。皮尤研究中心（Pew Research）在2013年对全球约40 000人进行了调查，结论是大多数受访者都认为中国将取代美国成为世界第一大经济体，半数受访美国人也持同一观点。经济合作与发展组织相信中国将在 3 年内取代美国，即奥巴马总统将是美国作为第一大经济体的最后一任总统。事实上，皮尤调查中有超过 1/3 的受访者认为中国已经成了全世界最大的经济体。

如果你对此不甚了解，此处稍做说明。美国自 1871 年起便成为全球头号经济力量，在 71.707 万亿美元的全球国内生产总值中，美国的贡献率为 21.9%，而中国则贡献了 11.5%。美国国内生产总值约为 15.7 万亿美元，中国紧随其后，约为 8.24 万亿美元。简单比较的话，中国的经济规模约为美国的 52.5%。因此那些相信中国已经在规模上超越美国的人显然对这个事实一无所知！

图 2.1 中列出了全球国内生产总值最大的 15 个经济体各自占据的份额。如果你偏爱某个经济体，却在图上遍寻不着，就意味着它落在了“其他”这一部分。“其他”经济体随着时间推移可能跻身前 15 名，正如现在的前 15 名也可能在某一天下滑到籍籍无名的“其他”中去。

中国并不太可能超越美国。我们的这一观点看似大胆武断，实际上逻辑缜密，而且建立在对趋势的深刻理解之上。以下就是中国不会在经济实力上超越美国的六大理由。

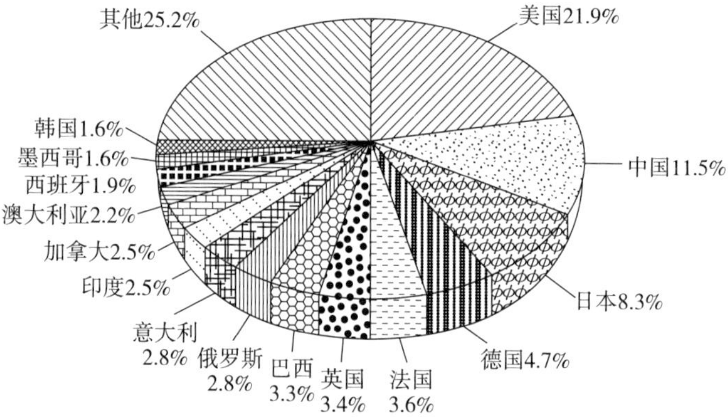

图 2.1　全球国内生产总值（当前价格，10 亿美元）①

• 皮尤的受访者中，只有半数对中国持友好态度，而更多人对中国的态度是敌对的。这是商议协定、建立长期国际关系时需重点考虑的因素，在盟国之间需存在彼此信任（如美国和英国），在此基础上商业关系才会建立。来自其他国家的良好印象能增进长期国际关系，促成稳定局势。而从目前看来，中国很难获得足够的国际认可度来支持其成为发达国家的领袖。

• 仅有 37% 的美国人对中国抱有好感，而两年前这一比例为 51%。对中国来说，好感度的下降让它更难向美国销售高价值商品，如汽车、电脑这两大极具潜力的市场。对中

① 数据来源：国际货币基金组织。

国的抵触情绪会迅速转化成抵制行为，导致中国对美国出口下降，随之而来的将是经济增长的放缓和工作机会的减少。

• 中国的环境污染问题很难根除。这里有全世界最糟糕的雾霾，二氧化碳排放量也不减反增。几十年来以损害环境为代价的生产方式，导致40%的中国河流水质不适宜人类使用。治理环境问题需要耗费上万亿美元的成本，花费多年的时间。为了成为世界舞台上平等成熟的一员，中国在出口市场上的竞争力可能会遭到削弱。

• 中国正在致力于培养中产阶层，以弥补未来的出口下降。然而计划容易执行难，中产阶层的壮大意味着工资额度的持续上涨，而这势必会导致商品成本增加，从而进一步削弱其全球竞争力。此外，中国的人口增长趋势也无法与其发展中产阶级的目标相适应。

• 中国的收入不平等问题日趋严重，这可能很快就会演变成严重的社会问题，造成国家的不稳定。中央政府正试图通过增加社会福利来应对这个问题，但这需要增加高收入群体的税负。财富的转移分配有利于无产者，但这同样将会增加全国范围内的商品与服务成本，在全球出口环境中亦是如此。

• 最后，中国的计划生育政策与重男轻女的观念造成了短期内难以得到改变的人口比例失衡现象。1.6% 的生育率水平将使未来的纳税人数量不足以养活日渐老龄化的人口。解决方法包括让老龄人口移居海外、降低退休人员生活标准，或增加税收用于养老支出，最后一点与我们的做法最为类似。

对经济刺激的长期依赖让这个庞大的经济体顽疾缠身，对于那些正在关注未来的人而言，这也强烈说明，中国的现状不会延续到未来。现状无法延续，而世界经济体中显然有很大一部分对此毫无准备。企业主若对中国的变化反应迟缓，就将损失大量资本，还可能陷入企图把越来越贵的商品出口到世界各地的窘境。在许多人还认为现状会一成不变时，就近外包（near-sourcing）已成为打破现状的一股新潮流。接受这一新现实的企业天然获得了价格对冲的能力，同时也能减少中国和亚洲其他地区内部社会冲突带来的影响。

刺激性支出不仅有必要，而且有希望

自 2008 年以后，刺激性支出成了风靡全球的潮流。多数国家在过去 5 年内都或多或少地采用过某种刺激性支出。大多人相信，不管钞票从哪里获得——是新印的、借来的，还是征税获得（尚未被重新注入市场用于改善经济），也无论来路是否正当，刺激性支出都不失为一种有效的资金利用途径。这有理由证明,这次大众又在前提假设上犯了错误。

三位分别来自圣路易斯联邦储备银行、加州大学经济系、加拿大中央银行的经济学者研究了美国和加拿大的刺激性开支，想要考察在高失业率时期政府的财政透支是否能带来正乘数效应，从而提振经济。系数为 1 时，表明政府每支出 1 美元就能产生 1 美元的经济活动。他们研究了美国 1890—2010 年、加拿大 1921—2011 年的数据，高失业率是指美国的失业率高于 6.5%，或加拿大的失业率高于 7%。

研究者们发现，以财政赤字支持的刺激性支出在加拿大收效良好，在高失业率时期的乘数达到 1.6，而失业率低于 7% 时则仅为 0.44。美国的情况却并非如此，在任何失业率情境下乘数都小于 1。当失业率较高时，政府每借入 1 美元用于刺激经济，仅能产出 64 美分的经济活动；而当失业率低于 6.5% 时，则能产出 78 美分。欠债需还钱，还要加上利息，这对纳税人来说显然是桩亏本生意。

这些趋势还会持续吗？

- 美元的强势地位
- 将美国政府债券作为主要的退休金投资工具
- 低利率
- 低通胀压力
- 人口老龄化
- 攀升的公共债务
- 美国正走向末日的悲观情绪

这些趋势都不会永远延续，但其中某些趋势还会在接下来的20年中持续很久，另一些则将马上发生变化，这正是界定未来时可能会遇到的问题。我们将会讨论那些还将持续的趋势，以及个人和企业应当如何应对。理解这些趋势并按此行事正是在全球经济下行时获得繁荣的关键。

第三章

为繁荣做好准备

2014年是美国的中期选举年，因此总会有无数喧闹的辩论，争相解说美国经济正处于何处，将往何处去。我们的第一要务是忽略掉这些华丽辞藻，并将其统统屏蔽，而将注意力集中到第一章介绍过的关键先行指标上来。

我们预期经济增速将在2014年下半年显著放缓，零售商们将抱怨圣诞节销售业绩不尽如人意，就业增长也是平平无奇。可别落入人们的直线思维定式，将我们预测的糟糕经济形势向未来无限延伸。消费支出和企业间贸易的萧条局面将在2015年第二季度终结。那如何知晓2015年下半年情况会否好转呢？答案很简单：观察下列先行指标。

重要的是判断你与宏观环境的关系是超前、滞后还是同步，以及你与经济趋势研究所先行指数及其他关键指标间的时间关系，了解时间关系对于规划与实施进度至关重要。单就目前讨论而言，我们不妨假设你基本与经济大环境保持同步，这意味着你将与国内生产总值、美国工业生产指数及零售指数等宏观经济指标同涨同跌。

经济趋势研究所先行指数在2014年年末或2015年年初显著上扬。由于它的设计目标是最早指示经济方向性变化的先行指标，我们把它放在首位介绍。这一先行指标在2014年第四季度位于最低点，意味着你将从2015年下半年开始业务繁忙。

正如我们此前说明的那样，依赖单一指标十分危险。所以需要检视下列多个指标，以确认经济和你的企业是否能获得预期中的改善。

- 公司债券价格
- 世界大型企业联合会美国经济先行指数
- 供应管理学会采购经理人指数
- 新屋开工数

关于从哪里获得这些指数并如何善加利用，第八章中提供了大量的信息与细节。现在只需知道这些是有效而明确的信号，它们会告诉你经济开始升温，你的公司也将蒸蒸日上。当你接收到这些积极信号时，便能认定吉时已到，可以实施计划、大肆生产了。我们说实施，是因为相关计划需要提前制订；先行指标则是一声号令，指示你将计划书取出，并付诸实践。

关于如何在经济周期的各个阶段以不同方式应对，第八章也给出了更为详细深入的说明。在当前情形下，你需要审视自己是否掌握了足够的生产要素来应对更多客户、数据、原料、机会、员工，从而让你保持盈利。这要求你和你的管理团队客观评估自己现有的能力，并自我审视，瓶颈在哪里？有什么人或事会成为发展的障碍？为了确保与经济同步增长，现在需要进行何种投资？

尽管不同组织对于这些问题的回答可能多种多样，但相同的是，应该立即展开行动。不要理会媒体上似是而非的论据，或身边人们的意见，善用时间和金钱，为更光明的未来做好准备。

2014 年，之前描述的经济不景气，以及与之相伴的不确定性在股市中体现得淋漓尽致。而在 2015 年上半年，需要做好投资股票的准备。你无需抓住股市转折的绝对低点，只要能完全确认市场已回到上升轨道，就应当将全部现金尽数投入，“完全确认”是关键。如果你的目标是最大化投资回报，那么就必须接受一定风险；等到所有人都已经确信牛市到来时，回报显然就要低得多。

接下里几年会是什么样?

我们对美国国内生产总值（通胀调整后）的预测结果如图 3.1 所示。可以看到，这是稳健增长的几年，增长率预测值如下：2015 年 2.6%；2016 年 3.3%；2017 年 3.7%。

无论是按名义值还是按实际值计算，也无论是否经过通胀调整，消费情况良好。这将增加对制造商的供货需求，对遍布整个经济体的批发商和分销商也属幸事。物流公司、航空公司、酒店、主题公园、多种形式的旅游产业都将表现出色，投资者将在股市中享受稳健收益，失业率将会下降，眼前是一派螺旋式上升的繁荣盛世。

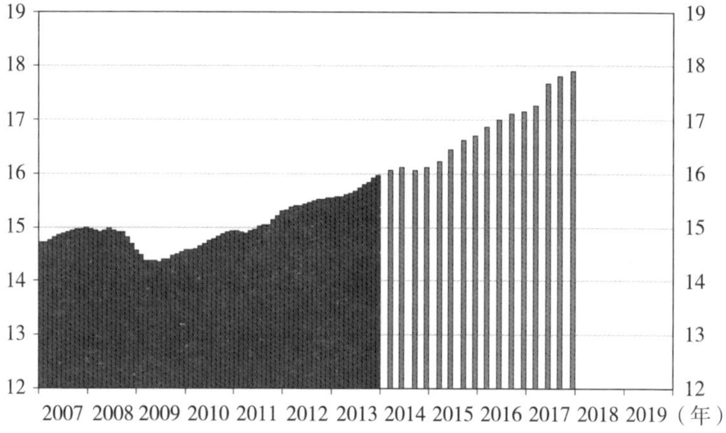

图 3.1　美国实际国内生产总值预测

医药产业也将从迅速增长的退休人口和经济的整体扩张中受益。医疗保险和其他保险品种的客户增加，将为该板块的企业与投资者带来一段时期的增长。

州县政府的税收额已经有所增长，由于这期间的经济持续增长，政府收入还将进一步增加。尽管养老金债务缺口问题还远未能解决，但为了满足选民要求，政府还将在2015年、2016年及2017年继续增加基础设施建设、服务和一般政府采购方面的开支。建筑承包商将会获得更多投标机会，并重获可观的利润。很多因素都将发挥作用——从工作量增加的铺路工人，到更新升级的信息技术设备。但需要牢记的是，眼下的好时光仍无法与此前的盛况相比较，婴儿潮一代的退休问题尚未迫在眉睫，联邦与地方政府的扩张依然毫无约束。

我们强烈建议你关注先行指标，因为它们客观公正，不会像空口白话那样可以任意诠释。字里行间透露的信息无非是消费者如何走出家门花钱购物，如何以这种方式为经济做贡献。归根结底，这取决于他们是否能充分地自由消费。一般而言，要看到美国整体经济有所提振，通胀调整后的零售额需要每年至少增长2.5%。零售额以这个速度增长，意味着消费者财务状况良好，有消费意愿。美联储的数据显示，2013 年的家庭负债水平处于 29 年以来的最低水平，表明大多数美国人的资产负债表已经基本得到修复，至少目前来看如此。而如果美国人都在消费，美国就会形成全球范围内极为重要的一个消费市场。美国住宅价格是确保这一消费能力的重要因素，2013 年住宅价格保持较为健康的平稳状态——或者说是稳中有升，这有助于控制居住成本，并为 2015—2017 年经济的良好运行奠定基础。

当然，其他因素也会影响消费者花钱的方式与能力。其中之一便是税负增加问题——中央政府把手伸到消费者的可支配收入钱袋里，不知要抓走多少。当前，政府正绞尽脑汁寻找关于支付债务和满足老龄化人口需求的办法，所以很可能要在我们的口袋里越挖越深。激进（或者说宽松）的货币政策这时能起到一定的作用：保持极低的利率，增加货币供给，避免对银行系统的利润空间过度施压，这套组合拳有助于抵消政府财政政策产生的影响。我们假设全球中央银行对于通缩和萧条更为担心，远超过对未来通胀的关注，从而预测 2015—2017 年整体呈上涨态势。如果中央银行在 2017—2018 年之前就开始认真处理通胀问题，则很有可能削弱在此期间的经济增长能力。

这其中还隐含着一个假设，即 2015 年时，美国内部对于中期选举和平价医疗法案（又称奥巴马医改）进入实施阶段的恐慌情绪趋于平缓。根据美国国会预算办公室（Congressional Budget Office）的预测，2016 年以后，奥巴马医改将会减少 230 万个工作岗位，——并将持续很长一段时期。这是由于新增工作岗位的减少，但不这么做则会造成现有岗位的流失。提高最低工资标准在美国也可能造成类似的结果，但统计数据是否支持此结论仍存在争议。最重要的是，人们最终将习惯外部环境的变化，他们会进行调整，并总能找到出路，进而重返消费市场。

有观点认为消费将会是美国 2015 年新一轮增长的启动引擎，并终将激发全球各个经济体的消费与出口，我们对此表示怀疑。经济周期的上升并不总是消费者所能左右的，对于美国及其他经济体，有许多经济周期是以企业间商务活动为上升的初始动力，如图 3.2 所示。

不过在 2015 年的经济反弹中，最可能的来源并不是企业间的商务活动——我们也并未预期企业间的商务活动在 2014 年及 2015 年初下行。2014 年可能成为一次软着陆，原因之一便是企业间商务活动并无减少的迹象，美国与墨西哥制造业占国内生产总值比重的上升也印证了这一观点。内包已真正成为一种趋势，为 2014 年的经济周期起到了托

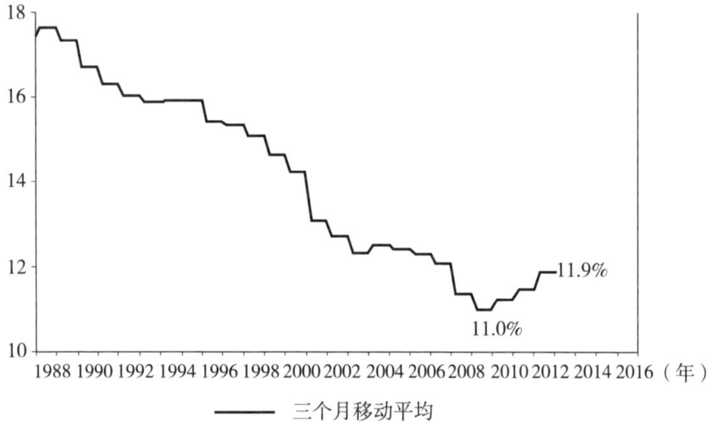

图 3.2 美国制造业占国内生产总值比重（附加值）

底作用，并为 2015 年及以后提供了上升助力。然而，这并不是我们摆脱 2014 年进入 2015 年的最大改变因素。请始终记住，零售额在美国国内生产总值中的占比达到了 67%。

对于企业主来说，必须积极抓住这一上升趋势，准备营销计划，维护客户关系，确保供应链能承受增长的负荷，并寻找全球范围的机会——然后，享受腾飞。

第四章

大萧条的成因：人口结构

现在的人口变化趋势给美国带来巨大的财政压力，这一趋势十分显著。美国是一个正在走向衰老的国家，关于老龄化的福利计划在财政上难以实现，除非情况有所变化。

我们要么改变人口发展趋势，要么改变养老资金的筹集方式，但两种方法实施起来都极其不易。在关于大萧条即将来临的预测中，我们假设人口会朝着阻力最小的方向变动，而难以改变的部分则会保持原状。遵循阻力最小路径（我们认为是出于政策惯性）将会导致普遍的财务困境，并成为21世纪30年代大萧条的重要成因。

人口变化趋势的驱动因素包括出生率、死亡率和移民。要对其做出预测，需要进行大量假设。有些人很快就会指出这种预测不可能准确，但要达成我们的目标并不需要严丝合缝，只需要大方向正确即可。当我们说2050年美国总人口约为4亿~4.38亿时，预测值多1 000万还是少1 000

万都无关紧要，而人口到底是4亿还是4.38亿，对趋势的走向并无影响。但这一趋势对我们的工作影响重大，其发端于2013年中期，当时的美国总人口为3.12亿。无论区域如何划分，这个国家的居民数量都将在近期内大量增加。如果这仅仅意味着有更多人加入了经济活动，那并不一定会导致财政困难。问题在于老龄化人口的数量，以及我们如何应对这一现实才是触发财政危机的关键。

在进入细节讨论之前，我们需要事先声明，“黑天鹅”事件可能会导致人口状况发生极大的改变，也许转好，也可能变糟。比如一场瘟疫会导致美国老年人口数量显著减少，从而使财政危机得到缓解。而军事行动、移民法规的大幅变动及某些不可抗力则有可能夺走相当数量的年青一代的生命。这些事件的定义已经决定，为它们设定概率毫无意义。然而要注意的是，除一些能够改变趋势的重大“黑天鹅”事件以外，如果想要避免经济危机，我们所考察的趋势都必须得到改变。

尽管我们确实面临人口老龄化的严重问题，但比起我们的主要贸易伙伴，美国在这方面的情况还算不错。我们在这章末尾对此进行了论证。我们认为美国在此后的几代仍将是全球经济体中的佼佼者，而人口结构的比较优势是做出这一预言的重要依据。人口结构、创造力和经济实力是令美国在相当长时间内保持经济领袖地位的有力推手。但政策惯性的存在则可能预示着，我们在近期内还无法避免人口老龄化带来的负面效应。

更多人，更多老人

我们的人口不但数量上正在增长，年龄上也正在老化。要使这一势头得到有效遏制，未来数年间需要让各个年龄段的美国居民数量都保持增长。如果忽视了整体数量的增长，就很容易对老龄化困境和美国的命运得出错误的结论。表 4.1 基于美国统计局（U.S. Census Bureau）的数据，展示了未来美国可能的人口数量（采用统计局估计中值），以及各个年龄组的分布情况。

表 4.1 显示，所有年龄组的人口数量都将增长，总人口数量将会从 2010 年的 3.093 亿增长至 2030 年的预测值 3.657 亿。同样能明显看出，65 岁及以上人口增长速度最快，但数量并非最多。退休人员的迅速增加可能是 2030 年所面临的问题之一，关于这点我们将在下文中详细阐述。我们似乎还尚未接近上大下小的倒金字塔人口结构，如果

这种结构成为现实——有些国家已经走到了这一步，那么在21世纪30年代之后的很长时期内，整个经济系统将会处于难以想象的重压之下。依靠经济体生存的老年人数量过多，而为经济体做出贡献、赡养老年群体的年轻人数量却存在短缺。但美国不会落入这种境地，贡献于经济增长的人数总会更多，足以满足相对少数群体的经济需求。表4.1描绘的人口趋势显然有其棘手的一面，但这并不致命。下文中我们将会看到，老龄化趋势在其他国家及地区中要严重得多。

表4.1 按年龄分布的人口增长

单位：百万人

年龄组	2010年	2020年	2030年
65岁及以上	40.5	54.6	71.6
40~64岁	102.7	104.4	106.2
20~39岁	83.0	88.9	92.9
20岁以下	83.2	89.0	94.9
合计	309.4	336.9	365.6

数据来源：美国统计局。

统计局预计，2030年美国65岁及以上人口将达到7 160万。这与国家经济研究局（National bureau of

Economic Research）估计的水平相当，后者认为到 2027 年 62 岁及以上人口约为 8 000 万。我们对经济的贡献不会今日有，明日无，这是个逐渐累积的过程。一个人 65 岁的时候也不会突然就脱离经济体。有些人可能因经济原因延迟退休，有些人可能觉得自己非常健康而不想在 65 岁退休，这些情况都有可能发生。在我们 65 岁的时候，会比过去健康得多，这是我们假设中的一个重要方面，原因有两点。

一是抚养比率，其计算方式是用 65 岁及以上人口数量除以劳动适龄人口数量。然而，我们认为相较于过去，65~70 岁的人群要更为健康和活跃，这意味着他们对社会的依赖程度要比以前低得多。在平均寿命不断延长的情况下，赡养比率可能会长期趋于平缓，比起上一辈人，我们会更晚进入需要被赡养的阶段。

二是对 65 岁及以上人口更高的健康水平进行推断，对于老龄化困境的解决途径之一就是将目前的计划退休年龄（65~67 岁）大幅延后。我们的身体能够健康工作更长时间，而且由于大多数美国人对退休的财务准备不足，他们也需要工作。如果人们因财务原因而延迟退休，他们对养老的依赖性就较低，政府也不必赡养他们。从经济上看，这一解决方式十分清晰，但要在政策上实现却显得困难重重。需要特别说明的是，年青一代如果想寻求自救，途径之一是提高自己的投票参与率。从年龄分组来看，老年人的投票数量要高于20~39岁的年龄群体。政治家都希望连任，而年轻选民的参与才能促使他们做出理性的经济选择，充分延迟退休年龄以避免财政危机。

这些都不是什么复杂的高科技，辛普森–鲍尔斯报告（Simpson-Bowles Report）已向美国政府与民众提供了解决社保困境的部分解决方案。这份报告来自于两党共同的努力，试图为社会保障、医疗补助及医疗保险、税收等相关问题找到解决途径。该委员会由共和党人、前参议员阿兰·辛普森（Alan Simpson）和民主党人、前白宫幕僚长厄斯金·鲍尔斯（Erskine Bowles）担任联合主席。尽管该报告为解决财政困境而提出的建议在方向上言之有理，但我们认为他们的建议还不够到位，效果也不太直接。

在社会保障方面，辛普森–鲍尔斯报告主要提供了如下解决措施：（1）将退休年龄与平均寿命挂钩；（2）减少中产阶级与富人的福利；（3）提高收入中社会保障税应征收部分的比重。关于第一点，他们建议在2075年前将退休年龄提升至69岁。但还没等我们撑到2075年，整个系统可能就早已崩溃，所以这个思路虽然正确，却不够大胆。关于第二点，他们想从2050年开始减少福利，但相关信托基金到2036年就要破产了，所以为什么要等到2050年呢？第三点是应缴纳增加社会保障税的收入总量，我们并不太赞同增加税负，但有时候也不得不这么做。社会保障是一种财富平衡机制，人为地削去收入顶层的部分作为税收。如果你想要劫富济贫，保障穷人的退休福利，不妨大胆地说出来，让美国人民来最终做决定。

辛普森-鲍尔斯报告表明，我们的财政危机还存在通过政策解决的可能性。对于Y世代（generation Y）和更年轻的人们来说有一个好消息，普查资料显示，年轻人群的投票参与数量正在上升（见表4.2），表明政策解决方案出台的可能性有所提升。

表4.2中的数据表明，从绝对数量上来看，我们并不会淹没在65岁及以上人群里，但记住他们是数量增长最快的年龄组，表4.3 2010—2030年各个年龄组增长率印证了这一点。很显然，各年龄组增长幅度最大的是65岁及以上组，达到了惊人的76.8%，因为65岁及以上的人群不再需要承担那么多工作，不再需要缴那么多税，不再有那么多消费开支，占用的医疗资源也与年轻人不同。表4.3显示出的好

消息是，40~64 岁年龄组的人口数量增长最慢，这意味着人口红利逐渐消失之后，不会立即出现更多需要赡养的老人。

表 4.2　各年龄组投票参与率

单位：%

年　龄　组	2000 年	2004 年	2008 年
全年龄段	59.5	63.8	63.6
18~20 岁	31.3	44.8	44.1
21~24 岁	40.1	48.2	51.7
25~34 岁	50.5	55.7	57.0
35~44 岁	60.5	64	62.8
45~64 岁	67.8	69.2	69.2
65 岁及以上	69.6	71.0	70.3

数据来源：美国统计局。

表 4.3　各年龄组人口增长率

单位：%

年　龄　组	2010—2030 年增长率
65 岁及以上	76.8%
40~64 岁	3.4%
20~39 岁	11.9%
20 岁以下	14.1%
合计	18.2%

数据来源：美国统计局。

从表 4.4 中可以看出各年龄组占总人口比重的变化趋势，以及 2010 年人口的组成情况。可以看出，到 2030 年，

65 岁及以上年龄组占总人口比重将从 2010 年的 13.1% 增长至 19.6%。40~64 岁年龄组所占比重则将从 2010 年的 33.2% 下降到 2030 年的 29.0%。与之形成鲜明对比的是，青年人的比重将保持稳定。这个图传达出了一个重要信息，即当青年一代变老之时，美国的人口结构不会变成巨大的倒金字塔，这就是为什么美国的人口问题尚有回转余地，无论是现在、大萧条发生之时，还是在大萧条发生以后。

表 4.4　各年龄组占总人口比重

单位：%

年　龄　组	2010 年	2020 年	2030 年 *
65 岁及以上	13.1	16.2	19.6
40~64 岁	33.2	31.0	29.0
20~39 岁	26.8	26.4	25.4
20 岁以下	26.9	26.4	25.9
合计	100	100	100

注：“*”表示由于四舍五入，本列相加后有 0.1% 的误差。

数据来源：美国统计局。

65 岁及以上的人群数量增长如此迅速，让人自然生出疑问，这艘经济之船是否还有纠正航向的可能。如果这一趋势还沿着原方向延续，就真的将无法阻挡，社会也将无力赡养这些 65 岁及以上的老人。不过也有些好消息：根据皮尤研究机构的预测，在 2030 年之后，65 岁及以上人口的抚养比率将保持平稳（至少持续到 2060 年）。其重要意义在于，即使我们全社会将继续变得白发苍苍，经济负担却不会进一步加重。统计局对 2030 年以后的预测数据并不像皮尤研究机构给出的那样缓和，这是因为统计局对 2030 年后人口增幅的预测值较小。但即使使用统计局的数据，抚养比率曲线在 2030 年后也会出现明显的弯折。皮尤研究机构绘制（图 4.1）的数据就能反映出这一点，即美国人口中老年人的比重在 2030 年之后将稳定在 19%，统计局的数字是 20%~21%。

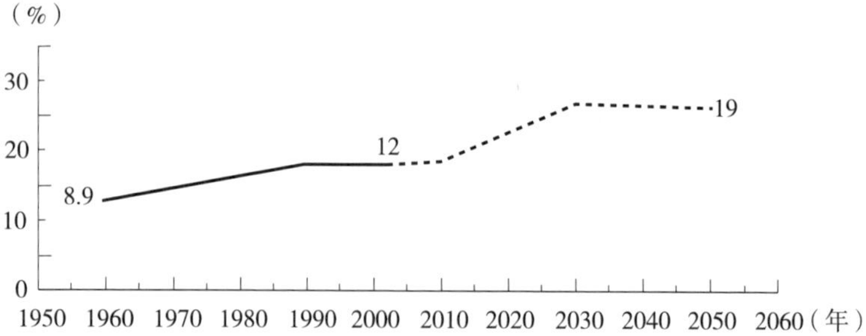

图 4.1　1950—2060 年美国人口中老年人占比（实际值与预测值）

注：老年人指 65 岁及以上，折线代表 2005—2060 年的预测值数据。

数据来源：皮尤研究中心（2008）。

收入状况

到目前为止，我们研究了从现在到2030年不同年龄组的人数变化，除此之外，我们还需要考虑65岁及以上人群能挣多少钱，以及如何开支。

从我们的目的出发，更应该讨论收入，而不仅是讨论劳动所得（工资薪水）。下面列出了可能产生收入的各类渠道，65岁及以上人群通过以下这些渠道都能获得收入。

- 工资与薪金
- 创业收入
- 社会保障、个人及政府退休金
- 利息、分红、租赁收入及其他财产性收入
- 失业补偿金、工伤赔偿及退伍军人福利
- 公共补助、补充保险收入、食品救济券
- 其他杂项收入

在埋头于总量计算（因为我们使用宏观经济方法）前，请记住2011年65岁及以上人群的收入中位数是19 939美元。如果我们的唯一方案就是突然削减福利，那么他们的

生活水平会大幅降低。因为大多数人都没有足够的储蓄，来满足维持健康及预想生活标准的所需开支。幸好人们似乎已经意识到自给自足、不依赖于社会保障的必要性，因为该收入中位数较10年前已经上升了10.9%(通胀调整后)。我们认为，通胀调整后收入的增长趋势为未来的福利政策调整提供了腾挪空间。而现在，人们主要依靠的仍是社会保障。

社会保障和紧随其后的个人及政府养老金是65岁及以上人群最大的收入来源（据美国劳动统计局2011年数据，比重为56.6%）。理所当然，老龄人口要比其他群体更加依赖退休金收入（养老金），挣的钱也相对较少（除25岁以下群体以外）。但老龄群体可能会比年青群体拥有更多财产，因为能获得利息、红利、租赁收入、其他财产性收入等被动现金流。这在表4.5中可以得到印证。

表4.5中的合计数据以百万美元为单位，而各个年龄组所对应的数字则是占该合计数据的百分比。例如，65岁及以上人群占2011年合计税前货币性收入的14.4%，而利息、分红、租金及其他财产性收入的占比为44.3%。

表 4.5　各年龄组收入来源

单位：百万美元，%

收入项目	合计	25 岁以下	25~34 岁	35~44 岁	45~54 岁	55~64 岁	65 岁及以上
税前货币性收入	7878814	2.7	15.3	21.6	25.0	21.0	14.4
利息、分红、租金及其他财产性收入	156669	0.6	3.3	8.3	15.2	28.3	44.3

数据来源：美国统计局。

正如你所见，这对于 65 岁及以上人群来说是非常重要的收入来源。也许有人会说，如果我们真的想在有产者和无产者之间实现公平，可以强制老龄人口将所有财产变现，并用于支付自己的生活必需品后，才能有资格接受社会保障、医疗保障等福利。如此严苛的制度显然是有悖于美国精神的，还会带来严重资产贬值等副作用。这也正是按财富水平分配社会保障福利，而非按收入水平分配社会保障福利的荒谬之处。

在表 4.5 中，我们看到 65 岁及以上人群并非全无收入，但整体收入却不如那些尚处于职业生涯早期的人群（25~34岁）。他们非常依赖退休金或养老金——这些收入对变幻无常的通货膨胀极其敏感。有机会获得被动性收入的群体将发现，这一收入通常能保护他们免受通胀的负面影响。65岁及以上群体的消费所占收入比例要远高于其他群体，但25岁及以下人群是个例外。这也并不奇怪，收入水平越低的人群，在购买完生活必需品后所剩余的可支配收入也较少，同时老年群体也不再需要为未来储蓄。无论何种原因，老龄群体的收入变化对他们可用于消费的资金量的直接影响更大。从宏观视角来看，这会对零售额及其他方面产生影响，并影响65岁及以上人群的生活水准。在2009年，65岁及以上人群的年平均收入比前一年平均开支仅高出4%。在低利率而通胀水平持续高于2%的环境中，人们的收入受到了严重影响，并最终导致消费能力的下降。我们认为这一趋势还将持续，进而成为2018年或2019年经济周期步入衰退的“帮凶”，同时也是即将到来的大萧条的主要影响因素。65岁及以上人群的消费占2000年总消费支出的17.1%，比2000年的15.1%有所提高，鉴于这一群体在总人口中的比重增加，我们将这一消费贡献率固定在17.1%（按照非常保守的假设），老龄化群体消费降低20%

也将会导致国内生产总值下降2.5%。

通货膨胀对老龄群体的伤害要大于其他群体，因为这对他们在医疗与温饱上的开支会产生更为直接的影响。医疗成本的增长有据可查，而且增长趋势还在持续。65岁及以上人群要在哪里削减开支，才能弥补较低的收入增长与生活成本增加（对老人尤甚）之间的缺口呢？

表4.6表明，65岁及以上群体与全年龄段总人口的消费特征存在不少相同点。食品就是一个例子，无论对于全年龄段的人口，还是65岁及以上的消费人群，其在总消费额中的比重基本一致，分别为13%和12.8%。通过表中的后几行，较容易理解老龄人群的水电费用占比为何较大，同样，65岁及以上人群在服装上花费较少也在情理之中。

65岁及以上人群在交通上的花费较少，在娱乐、个人护理产品与服务上的消费也类似。

表4.6的最后几行中，不同消费种类的比重差异更为显著。老年人花在医疗上的开支占比（12.2%）大约是整体人口消费占比（6.7%）的两倍，这还只是自费部分，并不包括政府或保险公司支付的部分。很显然，对于这些65岁及以上人群而言，医疗成本对其财务状况至关重要。

表 4.6　消费异同

项　　目	整体人口 占总消费百分比	65 岁及以上 占总消费百分比
食品	13.0	12.8
居住	33.8	35.0
房屋	19.8	18.5
水电、燃气、公共服务	7.5	9.0
家装维修	2.3	2.8
服装及相关服务	3.5	2.9
交通	16.7	14.7
汽油与柴油	5.3	4.5
医疗	6.7	12.2
娱乐	5.2	5.1
个人护理产品与服务	1.3	1.4
阅读	0.2	0.4
教育	2.1	0.6
现金捐赠	3.5	6.1
人身保险与养老金	10.9	5.1

数据来源：美国劳动统计局《消费支出调查》，2011 年。

65 岁及以上人群在教育上的花费较少，这点不足为奇。但值得注意的是，尽管绝对值不大，老龄群体在阅读上的消费占比却是整体人口的两倍。老龄群体在人身保险和养老金上花费较少，这也在情理之中。令人惊喜的是，65 岁及以上人群和其他人群相比，更乐于付出，两者的现金捐赠占比分别为6.1%和3.5%。确实，65岁及以上人群在慈善事业上的表现最为慷慨，他们愿意捐赠的数额占总开支的比重甚至超过了处于收入巅峰时期的人，这说明老龄群体也时刻准备着回馈社会。

表4.6同时也指出，和其他人群一样，通胀引起的生活水平下降也会从各个方面对65岁及以上人群造成影响，包括食品、水电、居住和其他消费，通胀对他们收入的损害比其他人群甚至更为严重。当价格上升时，虽然退休金或养老金的计算采用了与消费价格指数挂钩的计算方式，但这种调整往往跟不上所购买必需品的真实通胀水平，老人们承受了更重的负担。

医疗保险与社会保障

在政府与65岁及以上老人的社保合同关系中，医疗保险与社会保障是两项极为重要的组成部分，同时，这也是政府在未来无法承担的两项较大的开支，除非政府增加用于支付这两个项目的税负，或者减少福利（包括将退休年龄延长到67岁以后）。这两项福利将会占用政府的大量资金，占国内生产总值的比重也在上升，关于这个问题我们将在第七章进行专门讨论。2012 年，社会保障与医疗保险合计占联邦开支的 38%（见表 4.7）。

表 4.7　2012 年福利支出

（单位：10 亿美元）

老年及遗嘱保险	残疾保险	住院保险*	补充医疗保险+
645.5	140.3	266.8	307.4

注："*"表示医疗保险中的住院保险部分。"+"表示医疗保险中的补充医疗保险部分，覆盖 B 类（门诊）和 D 类（处方药）。

数据来源：社会保障和医疗保险理事会，《2013 年度报告摘要》，2013 年。

其中的细节、术语、数字或许让人头疼，但用最简单的话来说，就是我们无法承受以目前趋势继续增长的开支。表 4.7 提供了对数字的一种解读方式。目前最高额的一项开支是社会保障，其中包括老年保险及遗嘱（孀）（Old-Age and Survivors Insurance，简称 OASI）和残疾保险（Disability Insurance，简称 DI），2012 年这两项开支合计为 7 858 亿美元。医疗保险合计为 5 742 亿美元。随着 65 岁及以上人口占总人口比重的增长，这两项费用的比重都在快速增加。

社会保障中的残疾保险信托基金现在已经基本耗尽了，幸好这是四大主要保障类别中覆盖面最小的一个。它的资金在几年内就会全部用完，这一事实正预示着其他几大福利信托基金的命运。

据医疗保险的信托受托人估算，住院保险信托基金将在 2026 年用尽。如采用最新估计值，这一日期还能往后推延几年。平价医疗法案和增加税收被认为是其还能再多延续些时日的部分原因。我们认为增税将会成为常规措施，而住院保险信托基金或将因此延续到 2030 年。

社会保障老年及遗嘱（孀）保险信托基金预计将于 2036 年用尽。图 4.2 清楚地显示出，到 2036 年，这一信托基金就将成为空壳。为了让获得承诺的老年人还能获得足够的收入，政府必须采取举措，而且现在就应当采取行动，否则将会成为 2030 年前后大萧条到来的主要推手。

如果将补充医疗保险（医疗保险中 B 类与 D 类）单独分离出来，那么预计未来一段时间还能保持资金充裕，然而，如果将补充医疗保险基金的钱用于补贴住院保险部分，信托基金总额就将于 2033 年消耗殆尽。

表面上减少福利或增加税负，实际是为了更好地维持福利。要么是老年人的财富减少，要么是年轻纳税人的财富减少，无论如何都将会影响消费水平。记住这一时间线，住院保险信托基金将在 2026 年（或更晚些）用尽，社会保障信

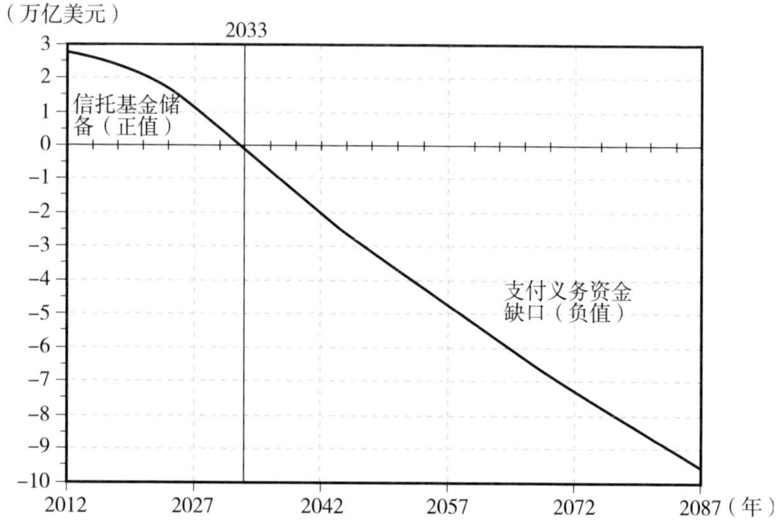

图 4.2　2012~2087 年老年及遗嘱（孀）保险与残疾保险计划收入扣除成本累计值

注：折算为 2013 年 1 月 1 日现值。

数据来源：2013 年《老年及遗嘱保险受托报告》。

托基金见底的时候则是 2033—2036 年。结合上述现实，再加上政策惰性，大萧条的成因便显而易见了。我们认为，人口趋势的改变难度很大，但最终还是会有一些举措来改变当前的趋势路径。如果假设提高税收、降低福利会一并实施，但由于政策发挥作用的滞后性，则要等到财务危机中期（约 2026—2036 年）才能观察到实际变化。我们等待越久，纠偏措施在短期内的影响就越令人痛苦。人口结构与社会保障、医疗保险两项福利的状况与我们的理论十分契合，预示着大萧条即将来临，也许就在 2030 年前后。

制胜之道

人们很容易被宏观数字与趋势说服，把它们当作绝对真理，并应用于我们自己的微观经济行为。然而，前句话中最重要的一个字也许就是“宏”。美国经济体量巨大，正如本书其他章节所提及的那样，地球上没有哪个国家能在面积和规模上与美国相当。尽管在走向 2030 年的过程中，对人口结构和福利开支趋势稍有改动会显得困难重重，甚至无法实现，但在这个巨大的经济体内，个体仍存在着海量的机会与空间，个人仍然可以采取行动来保护家庭财富。当然，如果每个人都读了这本书，听从了我们的建议，危机发生的概率就会较小。即使只有一小部分人买这本书并按此行动，在微观经济层面遏制住趋势仍然是有可能的。

接下来我们将深入探讨帮助我们战胜人口结构失调的现实问题谁可能会成功，谁又会失败。但在此之前，我们需要从宏观角度进一步了解，为什么说在美国而非在其他地区面对危机是件幸事。表 4.8 预测了 2030 年美国与其他

表 4.8　国家 / 地区间人口结构（占总人口百分比）比较 2030 年预测值（占总人口百分比）

单位：%

年龄组	美国	中国	印度	欧洲	德国	巴西	俄罗斯	墨西哥	中美洲*	日本	加拿大
65 岁及以上	19.6	17.2	8.9	21.2	27.9	12.2	20.1	11.5	11.1	32.2	24.8
40—64 岁	29.0	37.9	29.9	33.3	32.9	32.7	36.8	29.7	28.6	32.8	30.8
20—39 岁	25.4	24.0	31.0	24.1	21.5	29.1	22.2	28.9	30.6	19.5	23.7
20 岁以下	25.9	21.0	31.4	21.6	17.6	25.9	21.1	29.9	29.8	15.6	20.6
总人口	365.7	1391.50	1460.7	483.5	78.0	223.9	138.2	135.2	134.5	120.8	38.6

注：“*”表示墨西哥除外。

数据来源：美国统计局。

经济体的人口情况。

我们从65岁及以上人口占总人口的比重分析印度（8.9%）、巴西（12.2%）、墨西哥（11.5%）和中美洲（除墨西哥外，11.1%）这几个地区，他们的老龄化程度要大大低于美国。印度人口总规模较大，65岁及以上人口数量也会十分庞大，但65岁及以上人口所占比重较小，年轻人口的数量足以满足对老年人的赡养需求。原因之一是其平均寿命比大多数国家的平均寿命都短（67岁），仅俄罗斯的平均寿命与印度相仿。

对于人口整体较为年轻的国家（如墨西哥，以及哥伦比亚等部分中美洲国家）而言，老龄人口问题要好解决得多，与此相对的则是日本、西欧、俄罗斯等人口老龄化严重的国家和地区。在导致大萧条的人口因素中，前一组国家具有一定的免疫能力，能支持企业和个人向前健康发展。

在图谱的另一端则是占比较高的老龄人口，占比最高的为日本（32.2%）、德国（27.9%）和加拿大（24.8%）。这几个国家都将在未来面临严峻的财政问题，即如何平衡老年人的赡养需求与赡养支出的资金来源。需要注意的是，德国面临的情况也正是欧洲面临的整体现状。我们强调德国的数据，是因为“德国如何，欧洲便如何”。人口数据显示，德国将会因为自身的人口压力而难以再继续扶助西欧其他地区。这个数据至少说明一点，要平衡造成美国 21 世纪 30 年代大萧条的人口因素，肯定不能指望欧洲。

表 4.8 还可以解读出更多的信息。观察中国、欧洲、俄罗斯、日本和加拿大，如果比较 40~64 岁以上人口与 20 岁及以下人口，你会发现这些地区都将要面对人口倒金字塔的问题。纵观人类历史，年轻人多于老年人是常态。但生育率降低，加上移民数量不足以补充年轻人的比例，将会使这五个地区的 40 岁及以上的人口占比大于 50%；未来在这些国家和地区，青年荒将真真切切地存在，而日本和德国分别以 65%、60.8% 的比例首当其冲。这些国家要对谁征税、征多高的税才能供养老龄人口，这些都将是未来需要解决的十分棘手的问题，远比美国面临的问题要棘手得多。

根据预测，中国与俄罗斯的 40~64 岁人口在 2030 年的占比将分别为 37.9% 和 36.8%，比表中其他国家都要高得多。这可不是什么好消息，因为这意味着在美国宣告面临衰退之时，中国和俄罗斯的人口状况恶化最为严重，相比之下美国、印度、墨西哥及其他国家则要好很多。

我们并不太相信俄罗斯的人口普查数据。数据表明俄罗斯人口仅有轻微下降，约为 300 万人，但我们认为实际的人口减少量可能要多得多。俄罗斯是世界上少数几个死亡率高于出生率的地方，这一人口特征既引人注意，又确实糟糕至极。

在 21 世纪 30 年代大萧条之后，由于死亡率的提高，以及足以确保年轻人口增长的生育率和移民人数，美国将有望看到抚养率逐渐趋平，并由此而处于相对令人艳羡的境遇。抚养率平稳对我们来说至关重要，能够让我们在衰退中站稳脚跟，并依靠人口优势重新崛起。日本、欧洲、中国和俄罗斯恐怕就没有这种好运了。

（可能）成功的群体

有积蓄，或者向 401（k）计划缴费的人。无论处于哪个年龄段，只要建立了有效的储蓄与投资组合，就能在政府退休及医疗计划的基础上获得更大的增益，以此保持适当的生活水准，从而比不储蓄的人更好地应对即将到来的大萧条。我们希望这本书能激发大家的紧迫感，让大家赶紧行动起来，同时成为如何有效储蓄与投资的指导手册。仅是储蓄无法达到目的，因为通胀将蚕食掉美元的真实价值（21 世纪 30 年代的 1 美元能购买的东西比 2014 年 1 美元能购买的东西要少得多）。

聚焦于人口结构相对年轻的国家和地区的企业。如果企业的着眼点是下一年或者下一个十年，在中国和俄罗斯增加员工、扩大投资尚属合理。然而，如果企业希望寻找最能高速增长的区域，就应该转向那些中产阶级正在壮大而非缩小的地区。在具有倒人口金字塔结构的国家中，中产阶级的自然壮大是不可能发生的。

准备致力于服务拉丁裔及西班牙裔人群的企业。2005 年，美国人口中约有 14% 是西班牙裔；白人则占 67%。而到 2030 年，西班牙裔将占总人口的 29%，白人将仅占 47%。西班牙文化、语言及需求已形成一股浪潮，企业如果希望成功增加市场份额，并在即将来临的大萧条中获得相对繁荣，就应该关注这一浪潮。非裔美国人在人口中的比例将会稳定在 13%（与 2005 年相同），而亚裔人口比重将从 2005 年的 5% 增长至 9%。

专注为老年人提供产品与服务的企业（记住这一人口比例将在 2030—2040 年停止增长）。无论是辅助生活设施、专业看护机构、特殊饮食需求、个人护理需求、旅行需求、娱乐，还是任何你能想到的领域（需求种类还在不断增加），从现在到2030年，满足65岁及以上人群需求的产业将是朝阳产业。而在21世纪30年代大萧条开始时，价格竞争将会更为激烈，涌入的竞争者也会更多，将目标客户转向美国以外的老年人不失为制胜之道。

（可能）失败的群体

Y世代（1981—2000年出生的人群）。在21世纪30年代的衰退面前，我们对Y世代人群的忧虑包括两个方面。第一，他们将要赡养比例庞大的老龄人口。这既耗费巨大的金钱和情感，也要消耗大量时间。第二，当他们的职业收入达到顶峰时，美国乃至全球也恰好正滑入长达十年的衰退深渊。除非他们已对此做好了专门的准备，他们将在经济上成为失落的一代。

未能做好退休储备的65岁及以上老人。因退休与医疗福利的削减、延迟，或成本增加所造成的压力时点已经迫近，无论从何种角度分析，完全依赖体制养老的人群都将面临生活水准的骤然下降。

现任官员。从现在到2030年，我们面临的政策选择不是代价巨大，就是危险重重。经济上正确的举措未必能赢得连任选票。另外，当我们走向大萧条时，任何现任者都很难辩称自己应当连任。如果 Y 世代想要在衰退时期挣得稳定的工资，在 2025 年到 2034 年还是应避免从政。

纳税人。政客们所面临的主要选择无外乎降低福利或是增加税负，阻力最小的路径可能是增加对富人的征税。对“富人”下定义是个相当麻烦的事情，比较可行的定义是收入较高，或拥有大量财产的人群。在今天政府获得的税收中，富人缴纳的税款占了绝大部分，而以后他们还要缴纳更多。

第五章

对通胀健忘的世界：必要的管理手段与投资新思路

我们的研究显示，通货膨胀将会是2030年衰退的重要推动因素。这并不是说美国或其他主要经济体一定会发生恶性通胀；事实上，不用恶性通胀就能给我们带来很大的麻烦。

这一章着眼于未来几年通货膨胀的可能来源和外在表现，以及这一趋势对于经济和个人福利的负面影响。我们担心，这场绵延数载的通胀带来的历史恶果——即经济衰退将很难避免，甚至是不可能避免。通货膨胀将导致不稳定、决策失误、生活水平下降，并且在我们的分析框架内，将导致经济周期的剧烈下行，其幅度之大足以被称为衰退。

幸运的是，在我们认为将导致大萧条的因素中，通货膨胀大概是最容易通过技术手段解决的一个，尤其是现在通胀的发展程度还不深。就像许多事情那样，预防通胀远比摆脱已经存在的通胀要容易得多。但如果要根除通胀隐患，就必须付出当前看来难以割舍的代价——牺牲部分眼前利益，以避免长期危害。出于天性，人们总想赶紧止疼，然后祈祷伤痛永不复发。如果一个社会契约意味着要接受今天的痛苦，以避免明天变得更坏，那么这种契约并不受政客及绝大部分民众的欢迎。美国如此，全球皆是如此——而我们终将因这个选择而自食恶果。

全球经济体中，已经有一段时间没发生过持续性、破坏性的通货膨胀了。美国的通货膨胀于 1980 年见顶，此后便趋于缓和。事实上，对通缩的恐惧已经替代了对通胀的恐惧，日本的持续通缩困境也加强了其他国家的恐惧情绪。我们看到，当价格不再上行，反而在下降时，人们会选择提高效率等手段，寻找最优路径或低成本替代品，而且更愿意承担风险。在这种情况下，通缩有益于经济发展。

然而现在，通缩的危害被夸大了，通胀的危害则未得到足够重视。由于上一次通胀高峰已远在 25 年前，新一代刚刚自立的经理人和企业主们觉得那只是个遥远的传说。这一代人了解通缩，却对持续性、破坏性的通货膨胀知之甚少。当人们在价格下滑的压力下煎熬太久，价格飞涨的集体记忆不再清晰，甚至逐渐消失时，通货膨胀的预期就会显得温和无害，比起你所熟知的通缩而言，甚至是好处多多。最好的结局当然是价格平稳，通胀或是通缩不会是经济的常态。然而，这并不是一个长期有效的预测。经济趋势如同钟摆，总是要从一端摆荡到另一端。通缩之后是通胀，通胀之后是下一轮通缩。在全球各地的历史数据中，这种跷跷板例证屡见不鲜。

当经济趋势转向长期通胀时，生活成本补贴（Cost of Living Allowances，简称 COLAs）这样的术语，以及关于测量通胀的最佳指标、如何保护退休者不受通胀影响等议题的争论都将重新出现在经济讨论中。在通胀期间，生活成本补贴成了经济生活中的基本元素。假设消费者价格指数（CPI）表明通胀水平为 4%，政府所支付的社会保障等福利就要根据这一实际情况同样上调 4%。企业一般也会这样对待雇员，为了提高雇员被通货膨胀蚕食而下降的生活水平，他们最少需要加薪 4%。这种意图是高尚的——但事实是，福利或薪酬的提升只能补偿过去的通胀，而非现在的通胀。

在即将到来的长期通胀期，那时的通货膨胀率很可能要高于上一年度的水平（除非经济已经滑入下行周期）。这意味着，退休者和仅获得生活成本补贴的雇员就只得到了最低限度的补偿。比起通胀开始前，他们的收入已然降低了，而且只要通胀仍在继续，情况就会比前一年更差。

政府必须意识到这一点，他们以为在生活成本补贴的帮助下，退休人员和其他福利计划的受益者已和变化无常的通货膨胀绝缘，事实上，他们一旦容许通货膨胀发生，就会将这些人置于险境。企业主们则要知道：(1) 这些雇员仅仅是在通货膨胀中度过了一年，他们的价值并不会因此而增加 4%；(2) 这些雇员将来还会要求更高的薪水；(3) 如果产品与服务的目标客户都要依赖生活成本补贴才能提高个人可支配收入，那么他们就将越来越无法负担这一消费。

上述因素表明，企业主需要持续提供培训，提升雇员的生产效率，这样才能配得上向他们支付的生活成本补贴。而且，在持续通胀期间，雇员获得补偿后又会要求更多。另外，向不依赖生活成本补贴来维持生活水平的人群销售高档商品与服务，所得利润会更加丰厚。

目前，我们正在全球范围内从通货紧缩转向通货膨胀——特别是那些长期增长预期最快的经济体，如人口处于增长期、自然资源丰富的澳大利亚、印度、美国等。这一转变过程将影响企业运营方式和投资方式；如果基于已有的经验与记忆，某些决策乍看之下似乎并不合理，但在这种形势下却势在必行。一旦通货膨胀大行其道，无论老幼都将难以维持当前的福利水平。

未来 10~15 年，人们的心态也将发生重大调整，对于那些毕业于崇尚精简高效的商学院的企业主来说，这一思想转变尤为困难。历史显示，企业主们往往依赖涨价来应对通胀压力和上涨的成本，而不是努力提升效率、优化性能。2000 年前后开始职业生涯的人可能觉得这种做法非常奇怪，在他们的那个年代，效率就是生命，资本也相对便宜，我们乐于加大投资来维护或提高自己作为世界一流服务提供商或制造商的地位。经过一轮通货膨胀和利率上升，比起冒着风险增加昂贵的资本投入，涨价反而成了最小的阻力路径。我们越接近通胀顶峰和大萧条，涨价这一捷径就显得愈发诱人。当大萧条的影响初现，价格周期从通货膨胀转入平稳乃至紧缩，依赖涨价策略的公司将会很快发现自己失去竞争力。流程稳健高效的企业最有可能成功渡过难关。用涨价而非提高效率来对抗通胀压力就好比温水煮青蛙，直到意识到问题时，一切都为时已晚。

如果通货膨胀在多轮经济周期中越来越严重，那么做出价格选择，上调价格协议的恰当时机与方式就显得更为重要。价格往往与经济大周期同涨同跌，但会稍有滞后，这种滞后性就可以为我们所用。当先行指标指向经济复苏时，应立即锁定生产资料价格（原材料、资金、劳动力），不要等到经济周期将价格推高时再行使用。

至少应和你的供应商锁定一年的价格，如果通过签订合同锁定三年则更佳。如果锁定期对于供应者而言显得过长，他们可能会要求加入浮动因子（escalator）来调节价格——选择浮动因子时可要精明些。

在与生产资料供应者进行谈判时，尽量选择一个低估真实涨幅的价格指数。如果是企业间的谈判情境，不妨试试生产者价格指数（Producer Price Index, PPI）。在2004年经济复苏期间，生产者价格指数上升了4.2%，而指向更明确的制造业生产者价格指数（Manufacturing Producer Price Index）则同期上升了9.1%。消费者价格指数是最好的浮动因子，2004年的涨幅仅为3.3%。你的谈判目标就是使用适当的价格指数维持较低的成本。三年间，生产者价格指数上升了11.1%，制造业生产者价格指数上涨了27.0%，而消费者价格指数则上涨了8.1%。选择正确的浮动因子会极大地影响成本底线。

如果你的客户要求锁定价格，千万别答应。即使迫不得已答应了，也要保证在定价时选用最能保护自己的浮动因子。回到刚刚提及的价格指数上，你要和客户协商，确保最后用上制造业生产者价格指数，这能在未来三年中为你带来 27.0% 的价格上涨，而如果使用了更加常见的消费者价格指数，涨幅就只有 8.1%。

通货膨胀源于多种成因，并会以不同形式呈现。资产价格通胀源于宽松的货币政策，是最容易识别的一类。相关例子包括 2006 年的美国房产泡沫，以及 20 世纪 90 年代后期、2003—2007 年、2010—2013 年的全球股价泡沫。另一类是普遍价格通胀，这可能是由于劳动力价格上涨引起的；大宗商品价格上涨、消费者的涨价预期，或是政府政策都可能触发这类通胀。举个例子，在我们撰写此书时，日本政府正在试图重启通胀，美国持续推进的一系列举措也证明，比起未来的通货膨胀，更值得担心的是通货紧缩和高失业率。近年来，欧洲希望在 2008 年的金融危机中恢复过来，因此目前还没有看到通货膨胀的苗头。中国并未向世界传达清晰的通胀信息。印度在致力于经济增长的同时，也在 2013 年下半年与 10.7% 的通胀水平做斗争。尽管经济全球化显而易见，但上述情况表明不同国家利益存在冲突，全球统一的应对通胀的政策难以制定，也不可能被遵守。到最后，较大的经济体必将影响到较小的经济体，美国提振经济的意图必将造成其他国家的通胀压力，但这只是程度上的差异。

从企业的视角来看成本上升——原材料、劳动力、能源、税收，或者是社会成本，总有什么因素会使企业生产商品或提供服务的成本增加，从而引起通胀。长期来看，这类通货膨胀可以说是最为棘手的，而恰好又是现在的人们最为陌生的。与日本在试图刺激国内需求时所预期的短期通胀不同，在最初的通胀触发后会持续不断地呈现螺旋式上升，早期的价格上涨会由范围更加广泛的通胀所取代。

所谓更加广泛的通胀并不仅指企业成本的增加，消费者价格也在上涨。这种通胀趋势会导致恶性循环，这也是通胀问题如此棘手的原因。由于消费者要支付更高的价格，我们就需要更高的薪水来贴补开支。我们还希望现在就买入所需商品，赶在价格继续上涨之前。迫于这样的压力——尤其是在美国这样人才短缺的地区——工资水平不断上涨，显然会进一步推高企业成本。到此时，由于预期已经发生调整——人们已经断定价格还会更高——企业就会提高价格来适应本已高企的成本。以名义美元（未经通胀调整）计算的利润额上升会使生产者一叶障目，看不到通货膨胀带来的经济恶果；工薪阶层也同样被工资上涨蒙蔽了视线。

再来确认一遍这种恶性循环的过程：涨价令员工要求更

高的工资，这会导致价格再次上涨，反过来我们又需要更高的工资。这终将使企业主、投资者和一般个人面临真正的问题，然而其中也蕴含着真正的机遇。

在进一步讨论通胀可能发生的来源前，我们需要先解释几个专业术语。在提及新订单、零售额、工资等增长情况时，经济学家总是试图讨论真实增长水平，这就需要用通货膨胀的变化来对订单、销售、工资等的标称价值进行调整。标称价值是名义价格与价值，毕竟人们生活在一个名义的世界中。他们知道自己的房子有没有涨价，生活必需品的成本是升高还是降低，以及自己是否能获得加薪。只有在一段时间之后，人们才会知道这次加薪是否能使自己维持原有的生活水平：也许能，也许不能。经济趋势研究所的研究表明，绝大多数人基于名义价值进行决策——至少在短期决策中是如此。如果通货膨胀在一段时期内持续，我们在预测结果时就必须将真实增长的情况纳入考虑之中。

对于真实值与名义值之间的区别另一种解释方式是：官方登记的通胀率与民众实际感受到的通胀率的差异。

还记得 2008 年中期，石油升至每桶 134 美元的时候吗？食品价格也随之上涨，而不动产价格则有所下降，很多人的日子开始过得紧巴巴，但即便如此，官方的通胀数字仍然很低。我记得我的女儿有一天告诉我，她再也没有办法在一个月内同时给车加油、支付抵押贷款、支付汽车贷款、采购食品，以及偿还信用卡。我问她是不是失业了，她说没有，而且她同时打两份工，一周工作60小时。我问她上一次加薪是什么时候，她一下子炸锅了，告诉我这已经是一年多以前的事了。

我解释说这并不是她的问题，她没有做错什么，只是因为通货膨胀出现了，偷走了她的生活——而她对此却束手无策。不到三分钟的时间里，我找出了问题的症结，却一点忙都帮不上。我顺利完成了经济学家的使命。她望着我，问道："可是爸爸，我该怎么办呢？"我说我也不知道。

我的女儿感到很愤怒，而愤怒的员工对大部分企业而言都不是什么好事。当你企业的员工感到愤怒，有挫败感，压力很大，就会把气撒到雇主身上，尽管这并不是雇主的错。这些雇员会在电话响到第四声时才接听，取零件时故意走慢一点儿，磨蹭半天才到达银行……所有这些微小的怠工事件越积越多，最终就会反映在企业的利润上。为了保证效率，也为了防止员工被更好的待遇所吸引、带着在你这儿获得的知识与技能投奔竞争对手，就一定要给最出色的员工提供足够的薪水。

通货膨胀的影响

通货膨胀降低了货币的购买力，从而剥夺了民众的原有生活水平——这个过程可谓水滴石穿，人们一开始甚至会将其视为福利。这就像在疼痛时要打一剂必不可少的吗啡；但当疼痛复发，又得再来一针，然后又是一针。如果人们不找到疼痛背后的病根所在，事态将每况愈下，需要的吗啡剂量也会越来越大——直到机体最终难以承受。

通货膨胀会通过三种路径对经济产生负面影响：（1）减少储蓄；（2）降低生活水平；（3）增加失业率。

由于通货膨胀对储蓄的影响，很多人退休时手中的养老金不能满足他们期望的生活水平。例如，今天 10 万美元的存款能够购买 x 单位的商品与服务。但在 17 年后，同样的 10 万美元能买到的商品与服务是 x 单位减去通胀影响。假设 2013—2030 年平均年通胀率高于名义投资回报率 2%，如平均投资回报率为 8%，而平均通胀率为 10%，那么 10 万美元存款就只相当于 70 932 美元，因为 1 美元买到的东西没有过去那么多了。我们还会在本章继续讨论这个话题，这个例子说明为什么我们有时使用名义值，有时又使用真实值，这绝非是混淆视听，而是为了基于人们的真实想法与反应，揭示可能发生的行为趋势。名义上，一个人会在2030年拥有10万美元，但以购买力计却只相当于70 932美元。退休人员实际的购买水平终将低于他们以为自己可以买到或者愿意购得的水平。不管怎样，他们未来的生活水平确实下降了。

导致储蓄减少的另一个原因是我们更想在今天消费，而不是留着钱晚点儿消费。一方面我们总想即刻得到满足，不然价格以后还会更高，这就将进一步刺激我们不断消费，直至两手空空。不管是西装、汽车，还是其他你想要或者急需的东西，如果你觉得明年再买会花费更多，那么明智的选择就是尽快买下，为此贷款也在所不惜。

这种变化是把双刃剑。对消费者来说，这是个远期问题（没能为困难时期或退休生活留足资金），但对于企业来说，这创造了消费者难以抗拒的“购买冲动”。由于价格攀升，消费者需求反而增加（他们想要现在就买），同时零售价格上涨也让企业得以支付原材料价格、人工费用、税收等上涨带来的单位成本增加。在持续30年的价格平稳乃至紧缩之后，现在似乎已经很可能再次高速增长了。但由于生活成本节节攀升，员工们随即要求加薪，或者是要求再次加薪。

即使通货膨胀并未降低美元的购买力，我们对医疗需求的储蓄也仍然不足。富达福利咨询公司（Fidelity Benefits Consulting）估计，2013 年一对退休夫妇需要 22 万美元来应对退休期间的医疗开支——这还是在没考虑护工的情况下。而接受调查的 55~64 岁的老人中，有 48% 认为他们只需要 50 000 美元。对于很大一部分婴儿潮出生人口来说，储蓄不足以应对退休期间的医疗开支，将会对生活水平造成严重的负面影响。

通货膨胀带来的生活水平降低感受多种多样，但不妨分成两类情形：（1）你保住了工作，但买不起牛排，于是只能买更多的汉堡；（2）你失业了。不管哪种情况，你都只能买较为便宜的汉堡，用高碳水化合物食物代替较贵的蔬菜、水果。从某种意义上说，2008—2009 年大衰退期间被降薪的人们也体会到了通货膨胀带来的长期影响。一眨眼，自己的收入就缩了水，而物价依然坚挺，这和价格攀升而工资涨幅远远落后的结果没有多大差别。大衰退期间要保持收支平衡——未来也是一样——就得消费更加便宜的商品；也许质量差一些，不那么耐用，但你也得学着适应。记住，在通货膨胀期间，你也会处于同样的境地，因为收入滞后于商品及服务的消费成本。你的收入预算只允许在每周食物上分配200美元，但当食品价格一年上涨4%，而你的预算毫无变化时，这200美元能买到的食物就会越来越少。牛排减少，汉堡增加，这就是生活水平的下降。

那么，为什么通货膨胀会使你失去工作呢？很简单，比起替代性技术或其他劳动力来源，你太贵了。公司可能会决定用某种成本更低的机器来代替你完成工作，或者雇用国内其他地区——或其他国家的工人，他们干得和你一样好，或者至少是过得去。正如20世纪90年代的美国工人所经历的那样，有时是人们的要价把自己赶出了劳动力市场（通货膨胀和失业率的长期关系详见附件中的菲利普斯曲线）。

我们担忧的是长期通胀在2030—2040年的持续性影响。我们将目睹世界进入长期通胀，下一部分将列举造成这种结果的五大原因。就像我们认为很容易控制的小火苗，一旦点燃后竟成了燎原之灾，通货膨胀之火也会因我们未曾料到且无力控制的事件而越烧越烈。如果通货膨胀之火继续蔓延，我们的经济就会陷入类似1965—1980年的境地。虽然美联储千方百计试图控制局势，但每次的结果都不尽如人意，造成社会动荡、生活痛苦的通货膨胀愈演愈烈，失业率越来越高，劳动力也变得越来越昂贵，而资本则会选择用技术代替人力，或者把工作外包到人力成本较低的地方。

通货膨胀造成的失业率攀升将严重威胁经济发展，并成为大萧条的重要成因。由于失业人口消费减少，降低了对耐用品和消耗品的需求，使得生产活动减缓乃至停止。先是批发商，然后是制造商，就业水平逐渐显现出螺旋下降的趋势，而且很难被打破。大萧条的另一成因是联邦与各州的失业保险开支急剧增加，最终它将会榨干政府金库，且很可能将政府逼入债台高筑的窘境。

通货膨胀的五大来源

货币供给增加：助燃剂

要制造通货膨胀，一个屡试不爽的方法就是快速扩大经济体内的货币供给。从哥伦布之后西班牙黄金大量输入，到格林斯潘和伯南克隆隆开动的印钞机，我们已经知道这个方法确能创造某种类型的通胀。这既可能带来整体价格通胀，也可能是资产价格泡沫。很难预测资产价格泡沫会发生在何处，而当其发展到危险的程度时，也就不难定位了。

当然，经济学并非一门能给出精准预测的学科：实际发生的往往不是全面价格的上涨，而是资产价格泡沫，这也许是因为条件还未成熟，不足以使某一类资产的问题——比如房地产或股票发生病毒式传染。无论我们是否在适宜的条件下点燃了火种，过于激进的货币供给扩张仍然是通货膨胀永恒的助燃剂。

两类通胀都极富破坏性，但资产价格泡沫延续的时间一般较短，而整体价格的通胀则需要更长时间的酝酿，更加悄无声息，也能被容忍更久。正因如此，修复通胀也需要漫长的时间，常常要经过衰退、萧条，乃至另一轮通缩。

过往的历史表明，快速的货币供给扩张通常伴随着股价上涨。货币宽松似乎导致了资产价格泡沫的产生，而货币供给的扩张期也与股票市场的显著活跃上扬紧密联系。个中逻辑十分浅显：当货币供给增加时，相当于提高了对任一特定资产的购买能力。如果投资群体聚焦在股票市场上，就会引起价格和总市值的稳健上涨。但宽松货币的刺激效应一旦解除，资产价格或总市值就会失去支撑，熊市随之来临。你无法判定下一次资产泡沫是否还会发生在股票市场，但有这种预测也不一定会错。

如果你发现资产泡沫正在形成，赶紧投身其中吧。然后盯紧吹起资产泡沫的流动性来源，等到风向一转，你就可以打开降落伞，让收益落地为安。泡沫开始时有其基本逻辑：即货币过于宽松易得。但即使抛开这一刺激因素，狂热的情绪也能驱动趋势持续向前。如果你觉得自己擅长解读市场情绪，不妨试着判定市场高点。但我们中绝大多数并不长于此道，所以当理性部分已经消失时，不要贪心于市场到达顶峰前的最后几百米，赶紧拉开伞索跳机逃生，这样或许还能成功逃离。

在下一部分中，我们将探讨可能造成整体价格通胀的因素（有如点燃通胀之火的火柴）。

内源性通货膨胀：医疗

衡量通货膨胀的方式多种多样，各有所长。商界人士往往会使用消费者价格指数或生产者价格指数，经济学家和政府研究人员倾向于使用国内生产总值平减指数（price deflator）。我们将以消费者价格指数作为基础工具，而生产者价格指数则可能成为你在未来缓释通货膨胀对企业带来负面影响的有力工具。需要声明的是，消费者价格指数用于计量通货膨胀有其缺陷，也并不能代表生活成本，但它仍然被广泛使用，随处可见。美国劳动统计局隶属于劳动部，负责消费者价格指数和生产者价格指数的计算和发布。图 5.1 以每月消费者价格指数较前一年涨幅来体现通货膨胀的水平。

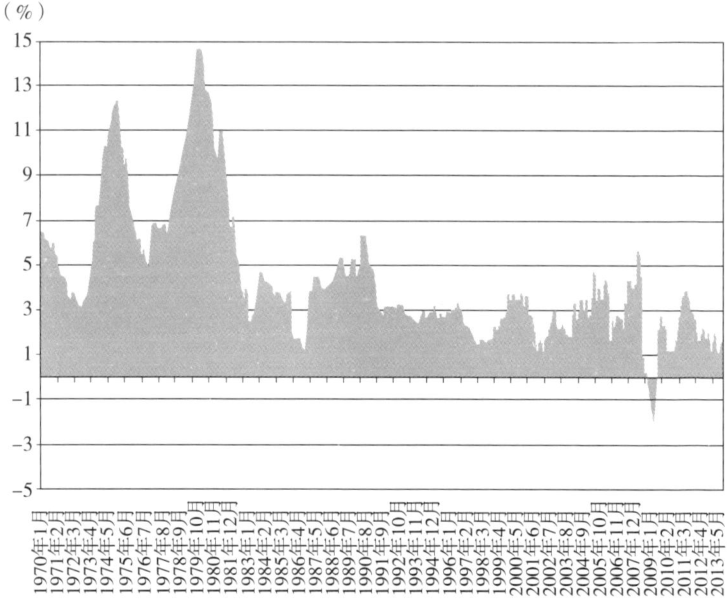

图 5.1　消费者价格指数——12/12 变化率

数据来源：原始数据来自劳工统计局，变化率由经济趋势研究所计算。

如图显示，20 世纪 80 年代通货膨胀到达最高点 14.6%，

20 世纪 90 年代较为平缓，而过去 10 年间波动幅度较大，但平均来看处于较低水平。关于未来几年经济的发展走向，20 世纪 60 年代中期到 20 世纪 80 年代间的情况可能会为我们提供一些线索——但与 80 年代早期不同，这次的通胀趋势不会止步于经济周期下滑，在人口结构（见第四章）和政府财政（见第六章）等其他衰退驱动因素的共同作用下，情况还会变得更加糟糕。

由于人口结构的关系，我们不但关注整体通胀水平，同时也关注医疗方面的通胀水平。图 5.2 将 1960 年至今的月度消费者价格指数与其中医疗部分的月度指数进行比较。

20 世纪 60 年代中期，两条曲线都显得较为平缓，并在 60 年代后期开始显现上升态势，增长的势头直到 1980 年才止住。医疗补助和医疗保险制度正是在 1965 年开始实施，因此医疗价格指数的走势可能也并非巧合。图 5.2 中的两条曲线都是在对数刻度下描绘的，观察图形不难发现，医疗价格指数比整体消费者价格指数增长更快。尽管平价医疗法案（亦称奥巴马医改）本意是好的，但也无法改变这种长期趋势——我们是基于供需逻辑做出这一断言的，当需求增长速度高于供给时，价格就会被推高。近些年，随着人口规模增长，老龄化群体快速扩大，以及有能力接受医疗的人群数量增加，医疗需求正在不断增长。要改变这一模式，哪怕只是暂时性改变，唯一的路径就是由政府为所有医疗服务统一出资。但我们作为奥地利经济学派[①]的拥护者，并不赞成这种做法。从

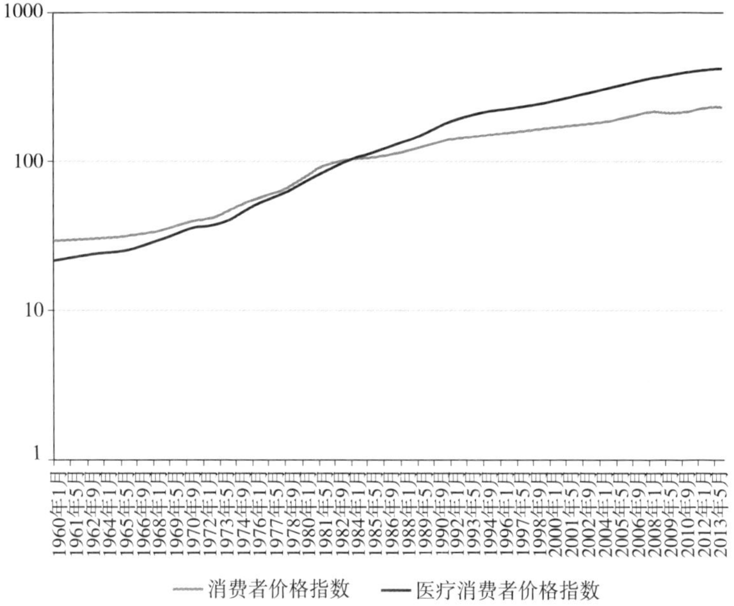

图 5.2　消费者价格指数与医疗消费者价格指数

数据来源：劳动统计局。

① 兴起于 19 世纪末 20 世纪初的经济学派，一般认为其重视个体选择对于经济的作用，主张私人产权，反对政府对市场的干预。

马萨诸塞州全民医保政策的实施情况来看，平价医疗法案只能是个良好愿望，我们仍然预测医疗成本会持续走高。

有人可能会提出，由于食品购买行为的广泛影响，我们还应单独考虑食品的通胀趋势。事实并不尽然，原因有以下几点：第一，从历史数据来看，食品通货膨胀与整体消费者价格指数的走势十分贴合。第二，老年人在食品上的总花费与其他年龄组并无太大差异（见第四章）。第三，自从 1798 年首次提出以来，科技进步已经证明了马尔萨斯理论中“人口原理理论”的缺陷（见第二章）。

毫无疑问，我们想要活得更久，也常常期望用药物来补救不健康的生活方式。民众有这样的需求，而政府对此的需求也难以拒绝。只要医疗开支没有直接影响我们的钱包，我们就不会关心某一个疗程、某一种药物成本的多少。这就是保险制度的另一面，无论商业保险或公共保险皆是如此，即保险使消费者对医疗成本的上升缺乏充分感知。他们只看到医疗保险保费和免赔额度的增加，却没看到企业和政府正在负担越来越高的医疗成本。这在未来有望改变——但对消费者而言并非好事，企业会要求员工分担更多成本，而政府则可能无力保持现有的福利水平。

感谢凯撒家庭基金会（Kaiser Family Foundation）的

统计，图5.3显示了2000—2011年各项医疗开支直接来源的累计变化率。增幅最大的为医疗保险和医疗补助项下开支。在后续章节论及美国债务时，我们将对这一变化对未来的影响进行深入讨论。增幅居于第三位的是个人商业医疗保险，最小的则是由消费者承担的自费部分开支。这一部分增幅虽然不是最大，但显然会让许多人苦不堪言，

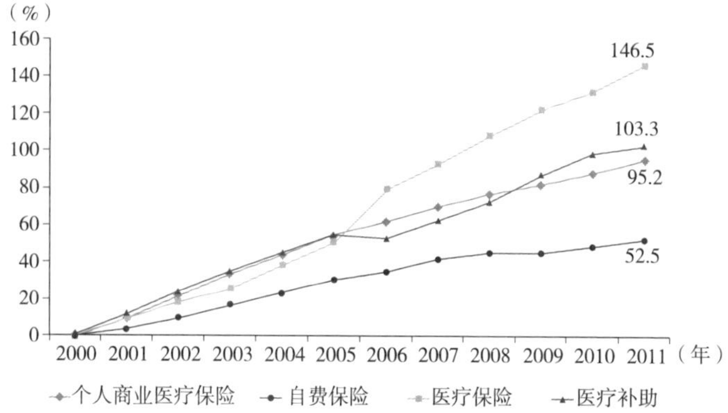

图5.3　2000~2011年不同资金来源的全国医疗费用累计增长率

注：本图未考虑国家性医疗开支，分别包含在其他公共保险计划、其他第三方付款人及付款计划、公共卫生活动和投资等类别中，2011年合计约占全国总医疗支出的20%。医疗保险和医疗补助制度于1965年开始实施；到1970年1月，全国只有两个州未参与医疗补助。

数据来源：凯撒家庭基金会计算，全国医疗费用数据来自医疗保险和医疗补助服务中心精算办公室——全国医疗统计组。

尤其是我们正在进入高失业率时期，而平价医疗法案则要到2014—2016年才会生效。这段时期，自费部分支出比我们的收入增长更快，而这种上行趋势还在变本加厉。结果是我们需要从收入中拿出更多用于支付日益昂贵的医疗费用。

对于飞涨的医疗成本，个人并非没被要求承担部分责任，但个人只承担了其中很小的一部分。企业与消费者都能认可的是，医疗保险的保费的确提高了——而且这个趋势仍在持续，随之而来的经济压力也引起了双方的关注。图5.4是医疗保险保费的累计增幅。根据凯撒家庭基金会的统计，1999—2012年，医疗保险保费增长了180%。同期，医疗保险保费中由劳动者缴纳的部分增长了172%（其中8个百分点的差距则由企业承担）。值得注意的是，保费和劳动者缴纳额的增幅要远远高于名义收入增幅（总收入）和整体通货膨胀水平。

这一增长幅度说明：货币有其偏好的重点。在2012年，雇主为每个劳动者缴纳的医疗保险保费平均为4 664美元，而劳动者自己的平均缴纳额为951美元。1999—2012年，劳动者年均缴纳额增加了633美元，而同期雇主为每个劳动者支付的部分增加了2 786美元。只要生产效率上升带来员工价值的持续提升，雇主这一项开支的增加尚可容忍。

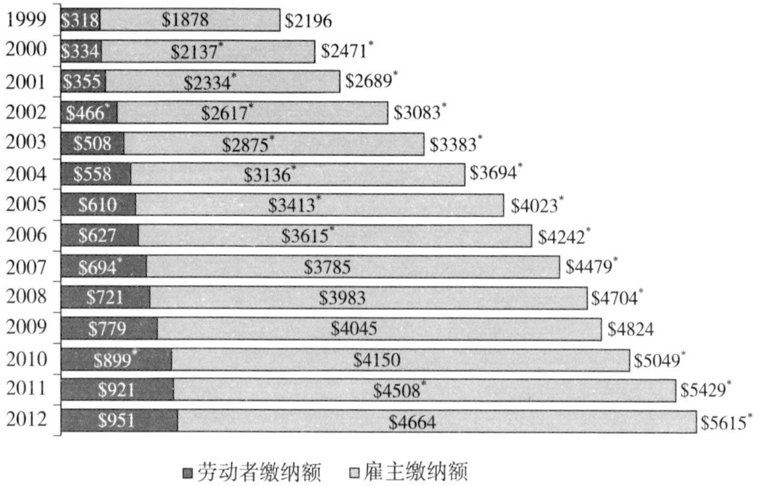

图 5.4　1999~2012 年均单人保险总保费、劳动者及雇主缴纳额

注：* 表示当年估值与前一年估值有显著差异（p<0.05）。

数据来源：凯撒 / 医疗研究及教育信托对雇主提供的医疗福利调查，1999—2012 年。

但创新与生产效率提升并不会直线前进，这类事件也遵循周期性规律。如果我们不能在车间里运用新技术（想想欧洲式的严苛劳动法就能明白为什么推动创新如此艰难），就会迫使企业要么将增加的保费传导到消费者身上（通货膨胀），要么就让劳动者来分摊成本。后者减少了个人可支配收入，劳动者迫于压力向雇主要求更高的薪水，同样将导致通货膨胀。如果生产率曲线真的如某些人声称的那样正在趋平，那么结局就将是更高的通货膨胀率。

在结束医疗相关通货膨胀的议题之前，还有最后一点需要考虑。尽管医疗保险的资金来源是对未来大萧条之展望中的重要问题，但由于福利的下降，医疗保险仅能支付美国医疗支出中的一小部分，如图 5.5 所示。

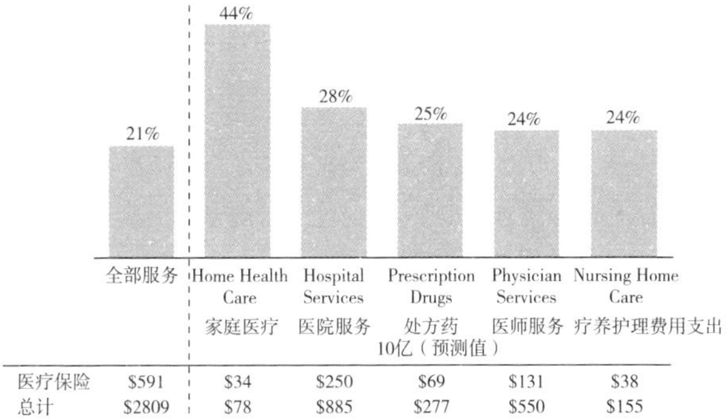

图 5.5　2012 年医疗保险在美国各类个人医疗费用支出中的占比

注：总计值还包括牙科护理、耐用医疗设备、其他专业服务和其他个人医疗护理 / 产品。

数据来源：医疗保险和医疗补助服务中心精算办公室，2011~2021 年全国医疗费用预测，2012 年 6 月。

可以看到，医疗保险仅能支付全国个人医疗费用的 21%。对于包括 65 岁及以上群体的大多数人来说，都需要以个人商业保险和储蓄来弥补剩余部分。对于退休人员来说，储蓄是支付医疗费用的重要途径，但正如我们所见，大多数人都没有为退休后的医疗需求准备足够的储蓄，而现有的养老金储备也在通货膨胀的影响下购买力逐年下降。如果 Y 世代人群想要幸免于这样的下场，不妨通过参军来获得退休津贴和平价医疗保险。

内源性通货膨胀：环保

保护地球无疑值得肯定，但若是不计成本地盲目“环保”，就未必是种善行了。以电力为例，对环境的忧虑已经推高了电力价格，而且似乎还未止步。增加的电力成本更多地落在了低收入群体身上，其中也包括依赖固定收入的老人。水电费占 65 岁及以上老人总开支的比重要高于其他群体，其他低收入家庭也是如此。从这个角度看，环保行动相当于以累退（regressive）方式[①]征收环境税。请记住，我们之中会有越来越多的人逐渐步入 65 岁，成为收入停滞群体的一分子。

① 相对于累进（progressive）税制，即收入越低，征税越高的税收方式。——译者注

由于我们寻求替代性能源而造成的电力成本增加有完善的记录可查。无论是在德国还是佛罗里达，这种生存必需品的价格都要高于应有的水平。我们并非反对环保运动，只是认为应当正视它的真实代价。此处还应考虑多米诺效应：当电力价格上涨，超市、工厂、办公室空调系统等运营成本也会随之上升，企业又会想方设法将这部分成本转嫁到消费者身上，这种企业使消费者因直接关系带来的通胀影响显而易见。在企业与企业的关联中，这种情况也同样会发生。无论在哪种情况下，消费者都处于供应链的最末端，需要为生产或供应商品所使用的能源价格埋单。

如果你近年更换过旧的中央空调，那就一定体验过通货膨胀所带来的影响。环保法规已经勒令逐步停用氟利昂，我并不是说禁用氟利昂本身有什么不对，但环保政策制定者又是否考虑过这对所有家庭和企业的经济影响呢？毕竟他们才是国内生产总值的真正制造者。当企业的商品或服务的成本增加，却不能为家庭带来相应的性能提升（你家并没变得更加凉爽）时，这就是通货膨胀。

权衡环保需求与经济通胀利弊的另一个案例是从玉米中提炼乙醇。美国政府强制在混合燃料中加入乙醇，然而恰恰是来自政府的研究表明，这种燃料比纯汽油的每加仑英里（Miles Per Gallon, MPG）要下降3%~4%——而且加入乙醇越多，这一数值表现越低。如果使用E85燃料（85%乙醇），燃油效率要下降25%~35%，原因很简单：乙醇的英热单位（BTU，全称British Thermal Unit）要低于汽油。尽管有人辩称，为了使用更环保的乙醇，每加仑少开一段路程也是值得的。但康奈尔大学的研究表明，每制造1加仑（约等于3.8升）乙醇需要消耗相当于1.4加仑（约等于5.3升）乙醇的能量，而每加仑汽油的制造所需能量仅相当于0.15加仑（约等于0.57升）汽油。其他高校也进行研究，确认了这些证据。所有证据都表明，乙醇的能量投入产出比率缺乏经济合理性，这意味着浪费和通货膨胀。即使乙醇有助于减少温室气体（有人会对此表示怀疑），我们也必须意识到选择这一方式的经济成本。

美国是全球最大的乙醇生产国，2011年我们生产了139亿加仑（约528.2亿升）乙醇（主要原料为玉米），巴西以56亿加仑（约212.8亿升）的产量居于次位——仅为美国的一半。显然，美国为此投入了巨大努力。根据白色环保协会（White Environmental Associates）的数据，由于特殊税收优惠政策，每使用一加仑乙醇就相当于从联邦高速公路信托基金中拿走 53 美分。公路桥梁仍然需要资金来维护，而乙醇的使用正在抽干高速公路信托基金，这意味着必须有其他资金来源——如一般税收，或者用代价更大的方式，即由政府印制更多钞票来弥补亏空。

在乙醇运动如火如荼开展之时，我们也别忘了美国玉米的价格变动。如果排除极端天气的干扰，玉米期货价格从 1985 年到 2006 年都较为稳定，最低为 1.47 美元 / 蒲式耳，最高则为 2.78 美元 / 蒲式耳（1 蒲式耳约等于 27.2 公斤）。而从 2006 年中开始，玉米价格已经升至 8.07 美元 / 蒲式耳（月度数据）。尽管天气仍然影响着玉米价格的起伏，但要说接近三倍的价格涨幅与这种巨量的新需求无关，也很难说得过去。高企的玉米价格已经渗透到多种日常食品之中，引发了通货膨胀。

事情并未就此止步，在我们义正词严的环保要求下，美国国会已经要求在 2022 年以前每年必须生产 360 亿加仑（约等于 1 368 亿升）乙醇。问题在于，由于汽油发动机的燃油效率提升，美国的汽油消费量也在增加。难道我们要被迫混入更多乙醇，从而降低燃油使用率吗？

还记得吧，通货膨胀会降低生活水平，尽管不同研究结果会有不同，但最起码已有证据表明，乙醇燃料会缩短未安装氧传感器的小型发动机的寿命。解决方法包括购买添加剂，从而增加使用这种小型发动机的成本，或者更频繁地更换发动机，或者在这类小型发动机上加装氧传感器，所有这些方法都在同等产出的情况下增加了消费者承担的成本。虽然出发点是好的，但这无疑也会带来通货膨胀。

内源性通货膨胀：劳动力价格

商品价格升高（如热燃油和汽油）会造成一次性通货膨胀，即引起价格突涨，而消费者不得不默默承受——除非他们不再使用这种商品。而当生活水平下降或劳动力相对紧缺引起劳动力价格上升时，病毒式感染就开始了。在美国和世界其他地方，很长一段时期内我们一直处于劳动力价格过低的压力下，以至很难记起劳动力价格持续上升的情形。当前的劳动力价格下行压力始于 20 世纪 80 年代早期，而在此刻正走向终结，经济全球化水平的提升对此至少有部分推动作用。

有人基于过去 20~30 年的经验，认为工资推动型通货膨胀几乎不可能发生。这些人认为，高失业率意味着雇主可以随时抽取劳动力储备来满足需求。如果供需平衡，以工资呈现的劳动力价格就不会上升；那么供给等于或高于需求时，就不会发生工资推动型通胀。然而，只考虑整体失业率就将问题过于简化了，这和中国近年来观察到的情形也不相符（在“输入型通胀”小节中，我们会细化讨论中国的问题）。

美国的持续性高失业水平至少部分反映了教育体系的失败，没能有针对性地培养当今雇主们需要的技能。我们在学校系统中批量炮制的毕业文凭无法反映企业所要求的技能与经验，工程师就是最好的例证。留住优秀工程师的成本越来越高，由于相对稀缺，其他公司总企图从竞争对手那里挖人，原雇主就得加薪来讨他们欢心，防止他们到别处寻找职业成就感。有时并不是直接加工资，而是体现为增加营运费用、假期，或其他没写入工资单的福利。企业成本增加时便倾向于将其转嫁到消费者身上，特别是当技术进步无法抵消新增的成本时。

也有些员工仅仅是因为生活水平下降而希望加薪，食品、电力、燃料等生活成本涨得比工资要快，沮丧的员工们总得设法做些什么。聪明的企业主都不想要士气低落、愁眉苦脸的员工，这会降低他们的生产效率，要聘请并留住最优秀的员工也日益困难。我们看到一些企业主在没有获得相应生产效率提升或工作量增加的情况下也慷慨地加薪，这不过是因为他们心地善良，想要善待员工，希望在力所能及的前提下避免员工的生活水平下降。

无论是因为拥有某种技能的人员相对短缺，还是为了对生活水平下降的员工给予补贴，工资在自然失业率较高的时代仍然可能，也终将上涨。过去我们认为充分就业会发生在失业率达到4%左右的时候，但基于过去几年的经验,我们估计充分就业在6%失业率水平的情况下就能达到。如果你所在地区的失业率已下探至6%，乃至更低，很可能工资推动型通胀已经存在了。这种类型的通货膨胀有如野葛，一旦生根就难以清除。这也许就是未来系统性通货膨胀的发生机制，即当追求充分就业目标的回报已开始递减时，美联储及其他央行却还在“开闸放水”。

美联储及其他央行可能还在将弦越绷越紧。经济体需要技能娴熟、经验丰富的劳动力——但职业学校的新毕业生们显然无法立即符合这些条件，更不必说四年制大学毕业生了。由于拥有适当技术与经验的人员相对紧缺，需求大于供给的自然结果就是价格上升，此处的价格为支付给员工的薪酬。这种情形已经发生了,从工程师到数控操作员，从电焊工到纺织工，而这仅仅是个开始。

美国自己一手创造的内包浪潮对于通胀趋势只会是火上浇油。通用电气在美国境内制造了更多器械，纺织品制造商正在回归，高端家具重返国内制造，甚至越来越多的国外品牌汽车开始在美国生产。这些恰恰增加了美国对技术工人的需求。

输入型通胀

从 20 世纪 80 年代早期到现在，全球化都是通货紧缩的主要推动力量。大量进价低廉的商品拉低了整体价格，而中国就是这些低价进口商品的一大来源。由于劳动力极其廉价，企业不必顾忌环境成本，人民币汇率又受政府调控，在这里制造商品的成本相对比较低廉。

而当中国或其他低成本国家的商品制造成本越来越昂贵时，通货紧缩作用便逆转了。无论是中国还是其他地区，由于工人被吸引进入城市并定居下来，劳动力成本不断攀升；工作标准与工作环境的改善有利于工人的健康与安全，但也使雇佣成本进一步上升。起初这会导致中国制造的利润空间逐步缩小，而最终要么会导致商品价格上涨，要么是发展替代低价制造商。后者的实现并非易事，中国在如此短期内达到的成就无法在别处（例如非洲）轻易复制。中国制造的商品价格上涨，进入美国和欧洲市场的运输成本上涨，加上对更高品质的需求，都会成为通货膨胀输入美国的方式。

制胜之道

企业

如果告诉在通货紧缩时代长大的人们，某些时候企业努力追求的不是压低进价，而是尽量控制价格上涨上限，他们一定会觉得莫名其妙。低买高卖的基本经济准则已经变成了在相对低价买入，因为将来价格一定会更高。今天的价格比一年前高，但会比一年后的价格要低。由于经济周期影响着定价，我们必须在周期中找准时机，低买高卖，但这也并非易事。

当考虑某种原材料时，对冲策略是保护企业不受价格波动影响的最佳方法。对冲有自身的时间限制，往往在单一企业与一般市场之间起效。下面就将解释一个企业如何运用适当的浮动因子来免受通货膨胀的荼毒。

当企业与消费者通过签订远期合约来提供某种半成品或成品，就需要引入价格浮动因子，来保证商品或服务的价格随时间增长，最简单的方式就是加入一项条款，写明价格将随整体消费者价格指数变动，因为这代表了通货膨胀水平。但这种条款无法隔离企业期望避免的某种特定通货膨胀。

假设你参与了一项为期数年的扩建工程，你的合约规定是水泥灌注，这需要用到大量水泥。以 2013 年 7 月为年末的一年期间，整体消费者价格指数上涨了 2%，而同期劳动统计局发布的水泥制造者价格指数上涨了 5.1%，为了支付你最重要的成本来源——水泥的额外费用，你必须将价格上调 5.1% 才行。同时整体成本上涨的 2% 也得到了支付。你这样做仅仅是保证了原有利润不受影响罢了。

上述案例是从水泥承包商的角度出发的。如果你是工程管理者，希望将成本控制在较低水平，那你就会希望采用整体消费者价格指数，而非制造者价格指数。如果你面对的是一个精明的谈判对手，结果可能是在稍笼统些的建筑材料制造者价格指数上达成妥协。虽然对手的逻辑是正确的，但价格调整仍然会对你，即收购方有利，因为在这个案例中，制造者价格指数一年内仅上涨了 2%。熟悉劳动统计局提供的各类制造者价格指数和消费者价格指数——观察哪些上涨较快，哪些上涨较慢，根据你在谈判中处在哪一方，就能判断哪个指数对你最有利。在与消费者谈判时，选择最大化通胀表现的价格指数；而在与供应商达成合约时，则要选择那些最小化通胀表现的价格指数。

除了在合约中选择恰当的价格浮动因子外，企业还可以在生产或服务过程中以技术替代人力。在通货膨胀期间，资本成本相对人力成本要更为稳定，经验丰富、技能高超的劳动力在未来相对紧缺的情境下更是如此。在通货膨胀效应下利率会持续上升，企业越早采用这种战略就越有利。在通胀周期中，早加杠杆比晚加杠杆好，但再晚也要强于不加杠杆。通胀有利于借款者,因为你的债务也在逐步贬值。本质上，你是在今天借入具有强购买力的美元，而偿还的是将来贬值后的廉价美元。适当运用技术不仅能减少你在螺旋上升的劳动力价格中遭受尽可能少的风险，而且也是提升效率的有效途径，从而延缓商业流程中原材料、半成品或终端商品及服务的涨价趋势。现在以较低成本（通货膨胀前）进行资本投入，你所支付的利率就比竞争对手将来必须支付的要低得多（从而使你的现金流相对增加），用贬值后的美元进行偿还也更为容易。同时资本投入带来了效率提升，有助于缓解无处不在的通胀压力。

当然，锁定一定数量的劳动力也是非常有必要的。在这种情况下，你尽可能在经济周期抄底时签订劳动合同，将劳动力价格锁定3~4年，通常情况下，这就足以涵盖一整个经济周期了。

在经济周期的B阶段，即经济状况开始加速好转之时，你还会希望提高售价，来对抗挤占利润的通货膨胀。如果用变化率来衡量，B阶段就是指12/12变化率高于零且递增的时段。当存在差异化产品或服务时，提价策略尤为有效。因此有必要明了你的竞争优势所在，并清晰地传达这些差异化定位。我的好朋友畅销书作者詹妮·史密斯（Jaynie Smith）在这一领域具有卓越的成就，建议购买她通俗易懂，但内容翔实的著作《创造竞争优势》（*Creating Competitive Advantage*）来阅读。

史密斯的核心假设是，很少有公司完全明白强项与竞争优势之间的差异。她创立的智优公司（Smart Advantage, Inc.）经常令企业发现此前尚未认识到，也未能运用在销售与推广上的竞争优势，从而在客户进行购买决策时以价格取胜。

《创造竞争优势》向企业提出警示，要避免“危险的误会”——企业以为客户看重的属性与客户购买决策产生的真实意图之间的差异。关键问题是：当客户想要的是 A、B、C 时，你的卖点是不是错放在了 D、E、F？史密斯和她的合著者威廉·弗拉纳根（William Flanagan）警告道：“要注意，去创造客户真正看重的竞争优势，而不是你觉得他们‘应该’看重的东西。”他们基于消费者的反馈得出结论，真正的客户往往与销售者臆测的情况大相径庭。

另一个有效策略是持有商业流程中所必需的资产，例如持有物业以替代租赁。在通货膨胀中，租金成本会一直上涨，而你获取的物业资金成本却未必能上升。在同等条件下，你的现金流水平会随着时间的提升，并能在资产升值中获得财富。

个人

在即将到来的通货膨胀期内，投资抗通胀资产是个人的关键决策。但必须理解，人们需要对抗的通货膨胀多种多样，而高估通胀水平也是危险的。总而言之，个人必须基于自己的年龄、风险容忍度和目标变量来权衡利弊，做出决策。我们将在第十四章中对此进行详细讨论，而现在仅在长期较为温和的通货膨胀背景下，给出一些整体建议。

在通胀期间，个人最明智的决策无非是在事态之初（简而言之，就是现在）借入资金，并用其购买可创造财富的资产。当然，借入金额肯定要受多方因素的制约——比如你的风险容忍度，以及你想每晚睡得多香。如果你离退休不到十年时间，就不应该借入资金；而若退休对你而言来日方长，用别人的钱来对冲自己的通胀风险是十分明智的选择。

记住，这是经济学家的视角。但如果对大多数投资顾问说，2030 年很可能会发生大萧条，此前是通货膨胀，而到时候普通人都会身受债务之痛，那么他们很可能会大惊失色。他们恐怕都没算一算，2030 年距现在还有十几年呢。读了这本书，你就不再是“一个普通人”。你应当用借款撬动杠杆，突破经济给你的限制。现在就借入资金去挖掘你的金矿吧，待美元更加便宜时再去偿还。

解决通胀威胁的途径还有很多，只要时刻记住，游戏的要义就是在 2030 年拥有更多购买力，哪怕是在通货膨胀之下。我们在给出下面的清单时，并未考虑到所有的可能情境，也无法预测未来可能被创造出来的新型投资工具，但这个简短的清单是个好的起点。不难发现，此处列出的选项都有一个共同特点，即其价格虽然会随市场情况起伏，但都不会贬值。道理很简单，买入一个会在未来 10~20 年贬值的高价资产，绝非是迎接 2030 年大萧条的最好投资准备。不管推销员如何说得天花乱坠，记住买一辆代步汽车不是投资，你买的额外保修也没有在保护投资。

以杠杆投资应对未来通胀

- 黄金及其他贵金属
- 农业用地
- 城镇不动产（独栋或多层）
- 股权
- 通货膨胀保护债券（Treasury Inflation-Protected Securities，简称 TIPS）
- 出借浮动利率借款
- 艺术收藏品

我们不认同倾尽所有去投资其中一种或两种，应当做的是分散风险，并覆盖到不同种类的通货膨胀。比如通货膨胀保护债券在消费者价格指数上升的通胀环境中很有价值，但当通胀以资产泡沫的形式出现时，就显得有些无能为力。在后者情况下，你需要投资贵金属或土地来获得保护。

理想的投资标的应当是这样，你在今天以固定价格投入，并能预期在通胀期间获得稳步提升的现金流。举个例子，买入一栋或多栋公寓，房产税和水电成本会随时间上涨，但你可以将其转嫁到租户身上——还能再加上一点利润。只要有充足的初始投资，你就能即刻获得正现金流。由于通货膨胀推动租金上涨，通常也能推高不动产价格，你不但能保持这一正现金流，长期来看还能实现资本利得。

我们没有将债券型基金放在投资清单中，是因为我们觉得这一投资领域很难维持购买力水平。债券价格与利率呈反向波动，所以当利率上升时，债券价格下降。这意味着除了超短期债券基金之外，其他类型债券基金的净资产价值（Net Asset Value，简称 NAV）都会因持续通胀、利率上浮而承受下行压力。这并不是说要对债券避而远之，这里指的仅是债券基金。

之前我们曾警示过，投资时所预期的通胀水平可能高于实际发生的水平。如果你预期会发生超级通胀，并因此认为经济崩溃之日已为时不远，你就很可能为这永不到来的末日而在黄金上过度投资，却在房地产上投资不足。关键在于权衡利弊，理性对冲，以及充分认识到从现在到2030年与过去的二三十年全然不同的形势。

赢家与输家

要在2030—2040年大萧条来临之前的通货膨胀中胜出，则意味着要做以下准备。

- 明确竞争优势，制订规则定期提价
- 了解如何有效运用价格浮动因子来获取利益
- 在通货膨胀早期借入资金
- 在经济周期低点锁定劳动力及商品价格
- 利用技术进步，持续提升效率
- 储备充足资金，以应对医疗成本的上升
- 投资于财富创造型资产

企业或个人如果有下列举动，则有暴露财务失败的风险，风险如下。

- 购入持续贬值资产，而非财富创造型资产
- 将债券基金作为主要的退休金投资配置
- 在通货膨胀后期抱有“现在不买，以后会更贵”的心理
- 有浮动利率借款
- 以活期存款或存单为主要的储蓄方式
- 以租用代替持有

在与客户谈判时将消费者价格指数当作有效的价格浮动因子。

附件

图5.6展示了被称为菲利普斯曲线的经济机制。其原理是，短期内通货膨胀与失业率存在此消彼长的关系。如果你担心失业问题，并希望降低失业率，那么就不要在意所引起的通货膨胀；事实上，引入一定通货膨胀是有益的选择。因此，美联储和其他国家的中央银行会增加货币供给、降

低利率，让货币成本更为低廉，以鼓励民众消费，企业则会增加人手来满足这些新创造的需求。

当然这只是理论，现实中并不总能成立。从图 5.6 中可以看出，当消费者价格指数触及趋势低点之后，大多数情况下失业人数也会持续减少，这种有益的趋势会一直持续到通货膨胀达到高点。通胀趋势由升转降的原因往往是货

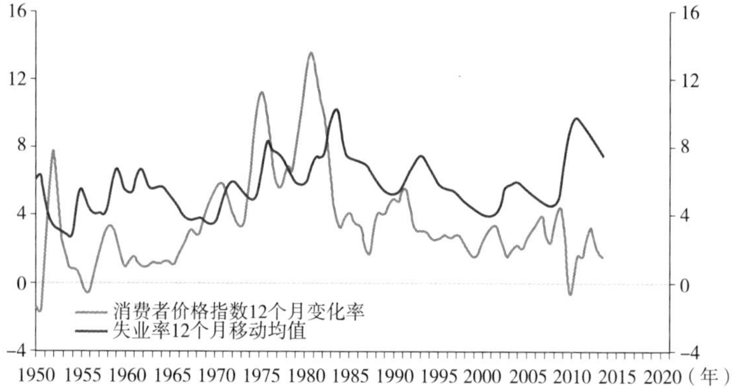

图 5.6　菲利普斯曲线

数据来源：经济趋势研究所。

币政策从刺激性转向紧缩性，货币供给增速放缓，利率水平提高，信贷收紧，通货膨胀因此刹车，但失业率的下降趋势也同样会止步。因为整体经济情况开始恶化，我们聘

用的员工不像原来那么多，公司最终将面临裁员，这是短期情形。而在消费者价格指数趋势反转与相应的失业率趋势反转之间，一般会有 18 个月的领先时间，无论是关注消费者价格指数的高点还是低点，这 18 个月始终存在。

第六章

主权债务

目前，全球各地的纳税人、金融家和领导人都在思考一个问题：国债。在写作此书时，各国负债总量已经超过53.4万亿美元，仅美国负债量就达到17.4万亿美元。因为工作的关系，我们与来自三十多个国家的人们保持着联系。根据我们日常的观察，对美国和其他地区主权债务的关注似乎已超越了文化与语言差异。世界经济与金融情况还能允许继续增加债务吗？奇怪的是，有些人——包括某些持凯恩斯主义观点的经济学家和政府官员——居然认为答案是肯定的。

这些人错了。而他们的错误会导致数以百万计的美国公民和其他国家人民陷入困境。

财政威胁真实存在，且愈演愈烈。幸好部分具有前瞻性的政府已经开始直面问题，并着手寻找解决方案。这些国家——包括加拿大、澳大利亚、墨西哥等——将成为21世纪20年代及以后的赢家。其他包括美国在内的国家则只会一味增加债务，正朝着错误的方向前进。今天如果怠于解决这个问题，未来将会后患无穷。

本章将分析相对的胜利者与彻底的失败者。注意此处只有相对的胜利者，因为美国问题的规模之大、影响之广，将会在进入21世纪30年代时对世界其他地区造成负面影响。

全球视角

看待主权债务问题存在多种视角。如果一个国家无法控制其预算，那么激增的债务总量就会成为金融危机的隐忧。表6.1中的第二列是折合为美元的政府债务，以便于互相比较并按问题的严重程度进行排序；第三列展示了这八个国家在2000—2010年可观的债务增幅，右侧最后一列则是2011年债务占国内生产总值的比重。[①]

表6.1清楚地反映出美国、日本、英国债务问题的深度和广度。德国虽然从表面上看还没那么糟糕，但未来几年也将面临严峻的考验。我们会在后文详细分析俄罗斯、墨

① 经济合作与发展组织数据摘录，http://stats.oecd.org/index.aspx?queryid=8089，2000—2010年债务增长。

西哥和澳大利亚的情况，现在只需知道，比起俄罗斯和很多其他国家，墨西哥和澳大利亚在未来几年将会提供更多机会。

表 6.1　主权债务

	2011 年债务规模（万亿美元）	2000~2010 年债务增长率（%）	2011 年债务占国内生产总值的比重（%）
美国	12.259	166.0	81.80
日本	8.720	119.0	189.80
英国	1.534	240.0	101.20
德国	1.442	101.0	55.60
加拿大	0.869	99.0	52.50
墨西哥	0.291	117.0	26.99
俄罗斯	0.156	—	9.30
澳大利亚	0.388	170.0	30.60

注：“*”表示所有债务计算均基于当地货币。

数据来源：世界银行；其中墨西哥数据来自经济合作与发展组织。

2011 年，美国以 12.2 万亿美元的举债规模成为世界第一大债务国。美国债务记录显示，2014 年 1 月，其国债已经超过 17.4 万亿美元，而其国内生产总值仅为 16.0 万亿美元。2005 年以来的债务增速，以及表 6.1 给出的指标显示，美国的问题十分严峻——我们将在第七章对此进行详细论述，而此处还是着眼于更为宏观的全球视角。

无论是金额还是占国内生产总值的比重，美国、日本与英国的中央政府债务水平都比较高。由于 2008—2009 年的大衰退，这些政府认为应当扩大赤字、增加开支，以防止局势恶化，因此导致债务水平进一步上升。此次应急性支出过后，接踵而至的又是慷慨的福利计划，而此时财政压力已经相当紧张。在前几章中，我们已经从人口结构角度解释了世界范围内的婴儿潮出生人口将对各国中央政府预算造成的巨大压力，政府需要进一步举债，以满足未来的福利开支。

德国和加拿大比美国的情形稍好，与国内生产总值相比，其债务规模尚在可控范围内。然而由于低生育率，德国当前及未来的纳税人必然要缴纳更多的所得税才能维持现状。日本与英国的债务处境也已十分困难，债务规模占国内生产总值的比重分别为 189.8% 和 101.2%。而他们的人口负增长趋势——与债务水平相似——则预示了风险的真实存在。

从债务负担看，墨西哥、俄罗斯和澳大利亚的境况显然要比表中其他经济体好得多。而在这三者之中，墨西哥与澳大利亚又比俄罗斯的处境更佳，前者人口还在持续增长，可以为未来提供更多纳税人，而俄罗斯的人口负增长趋势则会使其陷入麻烦。俄罗斯的生育率仅有1.61[①]，在224个国家中排名178，而且向俄罗斯移民的人数也不足以补充因死亡数超过出生数而造成的人口衰减。这将使得俄罗斯未来的年轻劳动力和纳税人数量严重不足，导致政府财政紧张，未来纳税者不得不从个人收入中拿出更多用于缴税。俄罗斯在债务方面的情况近期或许相对较好，但人口负增长的压力，再加上对全球关键区域的能源依赖性增强，预示着21世纪20年代对俄投资风险有所上升。

同样值得警惕的是，世界银行在经商便利度排名中将俄罗斯列为189个国家中的第92位。[②]俄罗斯存在的问题包括如何获得（或说缺乏）电力、取得施工许可、获取贷款，以及保护投资者。与俄罗斯相比，经商便利度排名美国为第4，希腊为第72，中国为第96，澳大利亚、加拿大、德国和日本的表现也很不错。

澳大利亚的生育率为1.77，比俄罗斯稍好，但也不足以保持人口自然增长。但是澳大利亚移民数量可以弥补这

---

① 所有生育率与人口增长数据来自中央情报局世界概况，https://www.cia.gov/library/publications/the-world-factbook/geos/as.html。

② 世界银行，www.doingbusiness.org/rankings。

一缺口，从而使人口增长、未来劳动力和纳税人的增加成为可能。

基于此前的债务和人口结构情况，值得进一步分析的国家包括加拿大、墨西哥和澳大利亚。一方面，这些国家自然资源丰富，可以在接下来的通胀周期中提供经济机会；另一方面，它们债务水平可控，人口增长趋势也比较乐观。另外，大多数拉丁美洲地区都值得好好寻找成长机会。至于那些人口正处于增长期的国家，特别是中产阶级正在增长壮大的国家，例如智利与秘鲁，虽然它们国家相对较小，但能为你的公司提供市场上升空间，或至少能提供大量消费者。你的公司虽然距终端消费者较远（比如制造飞机引擎部件），但也能带来间接收益。

表 6.2 选择了表 6.1 里八个国家中的七个，显示的是偿付现有债务利息所需资金占中央政府收入的比例。考虑到这些国家的公共债务每天都在增加，这一比例将会随时间推移继续上升——除非大幅增加税收或减少支出。记住：当更多收入被用于支付利息时，能用于福利或自主性支出的部分就会减少，而这种压力又会导致某些国家增加借贷，反过来进一步增大预算压力。财政压力越积越重，直至危机爆发，对于人口减少的国家来说可能更是如此。随着债

务的增加、利率上涨，美国和日本将会感到现金流极其紧张。而日本又不幸正处于人口的负增长阶段，尚需为此苦苦挣扎。

表 6.2 各国偿付债务利息所需政府收入

国　　家	2011 年偿付债务利息占财政收入的比重（%）
日本	15.68
美国	12.76
加拿大	9.54
英国	8.71
德国	5.31
俄罗斯	1.52
澳大利亚	5.28

数据来源：世界银行。

美国需要动用联邦收入的 12.76% 才能付清过去花费所产生的利息。而像中国和德国这样的国家就比我们有明显优势，因为他们有更多中央财政预算可以用于国内福利计划（如医疗保险、处方药、社会保障和食品补助计划）、国防或其他自主性支出项目。

未在表 6.2 中体现的是，加拿大和俄罗斯偿付债务利息所需资金占政府收入的比重比 2010—2011 年有所下降，但其他国家的这一比例则还在上升。加拿大的这一下降趋势可能还会持续，2015—2016 财年预计可以达到收支平衡，而 2016—2017 财年之初则有望缩小公共债务规模。财务成本的减少使加拿大获得了更为积极的财政环境，将来企业及个人会面对较轻的税收负担，比起美国或者其他高债务国家，借贷成本也将更低。低借贷成本进一步提升了财政状况，逐年形成良性循环。减少公共债务，维持稳健的国家财政平衡，将在长远的未来影响加拿大加元对美国美元的汇率。

当然，加拿大加元走强也会影响你的商业及投资决策。由于美元较加拿大加元疲软，美国制造的商品将具有成本优势，与此同时，加拿大企业要进入美国市场将会更为困难。加拿大公司应当考虑在美国开设分部，作为货币走强的自然对冲，这能保持企业在广阔的美国市场的竞争力，在利用美国汇率优势的同时保留品牌与保证产品质量。

加拿大投资者将因本国货币币值相对稳定强劲而获益。而反观美国，通胀压力和国际资产负债表压力都将降低美元价值，从而降低其购买力，2030 年越是迫近，这一反差越为明显。要保持自己的购买能力，美国投资者可以投资加拿大股票，或与大宗商品相关的企业（例如涉及能源、矿产、林业等）——这些企业在稳定金融环境和通货膨胀情境下均能蓬勃发展。

表 6.3 比较了各个国家劳动适龄人口（15~64 岁）的资产与债务情况，C 列则以债务与国内生产总值相比作为参照水平。表格给出的信息说明，高债务水平的国家并不一定存在财政危机——如果其财富足以承受这些债务。就像一个人年收入 20 万美元，就能轻松承担 17 万美元的抵押贷款（其债务收入比为 0.85）。与此同时，一个年收入 6 万美元的人要偿付的抵押贷款额就要低得多，比如 9 万美元（债务收入比为 1.5），也会度日维艰。因此，该比例越低，这个国家就越容易让它的国民承担这些债务——无论债务或收入的实际规模有多大。

表 6.3　部分存在债务问题的国家

单位：美元，%

国家	A	B	C
	人均国内生产总值	2011 年 15~64 岁人口平均负债	B 列占 A 列的比重
美国	50700	39343	0.78
加拿大	43400	25203	0.58
澳大利亚	43300	13865	0.32
德国	39700	23982	0.60
英国	37 500	33 256	0.89
日本	36 900	68 223	1.85

续表

国家	A	B	C
	人均国内生产总值	2011 年 15~64 岁人口平均负债	B 列占 A 列的比重
俄罗斯	18 000	2 083	0.12
墨西哥	15 600	2 618	0.17
中国	9 300	37	0.004

数据来源：世界银行。

正如我们所见，中国的人均国内生产总值低于世界平均水平 12 700 美元，而其债务为 1.66 万亿美元。但考虑到人口基数，这一债务平摊到个人头上就几乎可以忽略不计。中国人均国内生产总值虽然低于世界平均水平，但他们债务绝对值不大，每人仅需承担 37 美元。俄罗斯和墨西哥的人口也能够轻松承担现有债务——仅就目前而言。我们已经提过，俄罗斯人口将在 21 世纪 20 年代出现萎缩，那时问题就会显现。而墨西哥的生育率（2.25）及人口增速（平均每年 1.07%）能确保这个国家在现有条件下不陷入债务的泥淖。澳大利亚和加拿大在表中处于相对优势地位，无论是利率升高还是发生全球债务风暴，其表现都会较好。但德国的人口负增长（生育率为 1.42%，人口增长率为 −0.19%）则会导致民众未来的债务负担加重。

美国和英国在这张表中的排名无疑很糟糕，两者的人均债务水平要比其他国家高得多，表明其债务相对更难以承担。对于美国、英国和日本来说，在下一次金融危机中通过大举借款来实施救助计划要困难得多。考虑到英国和日本在2025年以前还有人口下降预期，其债务水平更是显得难以承受。

2011年，日本的债务规模占其国内生产总值比重达到180.8%——比21世纪前十年的水平翻了一番还多，我们可以毫无疑问地将其当作境遇最糟的国家。仅是支付债务利息，占用的日本政府收入就达到惊人的15.68%，而且人均负债水平远远超过了人均国内生产总值。单单是考虑到国家财政稳定性就足以让任何人对日本敬而远之——何况还存在人口萎缩的问题。由于低生育率（仅为1.39，在224个国家中排名第208）和老龄人口的离世，日本人口在以每年0.1%[①]的速度减少。也就是说每过一年，能承担债务的纳税人数量都在减少。

投资者需要意识到日本的长期隐患，并在21世纪20年代前半段安排好退出策略。在日本进行长期投资需要加倍小心，经济趋势对这一世界第三大经济体的不利影响正在逐步累积。我们预期，日本的全球经济地位将会被削弱，

① 数据来源于世界银行。

依靠本国劳动力的日本企业也是一样。同样可以预见的是，日元将会持续贬值，理由同出一辙：债务过高，国家收入下滑。日元走弱将会引起国内通货膨胀，这对依赖固定收入生活的老龄人口来说将会非常难熬。会有更多人开始领取可观的养老金，而承担这一重负的纳税人则会越来越少。

因为美国的人口还在增长，所以情况尚不至于如此糟糕。没错，逐渐老龄化的人口会带来高额的支出，并最终对联邦与州政府预算造成冲击，但人口增长可以将问题的爆发推延至2030年左右。比起美国、欧盟和中国，日本的问题出现时会更加迅猛。而当其来临之时，美国也将兔死狐悲。日本持有1.1744万亿美元国债，是美国的第二大债权国。由于自身的债务问题，日本在21世纪20年代将无力购入美国国债，这一重要债务购入者的出局将会抬高利率，美国不得不提供具有风险的大宗商品来吸引新的买家。如果日本出于国内养老金对日元的需求增加而被迫出售美国国债，事态就会更加糟糕。美国面临的高利率对于联邦预算问题可谓雪上加霜。老龄化人口需要更多钱，偿付利息也需要更多钱，除非进一步提高税率，否则美国政府只能被迫削减其他开支。无论如何，经济都将年复一年地遭受打击，直至压力解除——也就是当利率水平降低，或者是因为新规实施，或者是因为死亡让老龄人口无法再获得福利之时。

小 结

澳大利亚、加拿大和墨西哥显然将会在诸多国家之中胜出，因此投资者应当在此寻找投资机会，发掘市场潜力。从现在到2030年左右，这些国家的经济与人口发展都会较为稳定均衡。下一章我们将论及，如果美国在2030年进入大萧条，即使是这些较为健康的国家也会面临灭顶之灾。

进入21世纪20年代，尤其是后半段后，企业和投资者要特别留意自己在日本、英国、德国和俄罗斯的风险敞口。债务和人口结构问题可能会使企业及投资者所处的环境越来越艰难。在俄罗斯经商本来就非易事，在经济压力逐渐加剧之下，情况还将继续恶化。

美国正在承受着沉重的债务负担，这会成为大萧条的重要成因之一。下一章将会进一步讨论美国如何影响前面提及的胜出者，以及对债务预测的可靠性分析。

第七章

聚焦美利坚：美国的问题就是世界的问题

美国位于何方?

根据国际货币基金组织的数据，相对于国内生产总值，美国的债务问题十分严峻。实际上，如图 7.1 所示，如果用债务占国内生产总值的比重衡量，美国现已是世界上第二大债务国。

不幸的是，这个问题只会越来越严重，而不会好转。美国国会预算办公室——一个根据当前法律和趋势预测未来的机构，预计美国债务水平将在 2038 年之前超过日本。正如前几章所探讨的，这将意味着税率上浮、支出削减和产生贷款，或许三者皆有。就算美国不再借钱，上涨的利率也将给联邦预算带来很大的压力。2013 年，美国的名义企业税率是工业化国家里最高的。[①] 我们有理由推断，进一步上涨的税率将对美国的企业结构和资本支出造成负面影响，还会影响外国公司进入美国。而且图 7.2 和图 7.3 表明，美国政府似乎并不太善于筹措资金偿还债务。

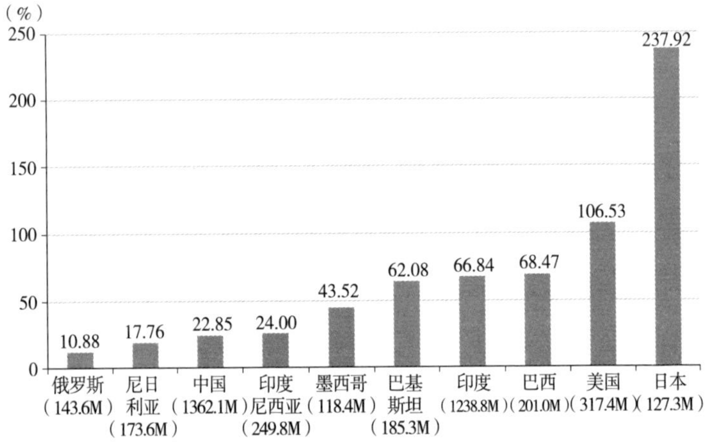

图 7.1　美国与其他国家的比较

注：孟加拉国（第八大人口大国）的数据未显示；M＝百万美元。

数据来源：国际国币基金组织。

图 7.2 显示，尽管财政收入随时间而显著上涨，联邦政府的超支仍然导致年年赤字。值得注意的是，据预测，财

① “企业税率表”，毕马威国际会计事务所，2014 年 3 月 8 日，www.kpmg.com/global/en/services/tax/tax-tools-and-resources/pages/corporate- tax-rates-table.aspx。

政收入的增幅会在2013—2017年迅速增加，而财政赤字预计仍会保持在历史较高水平。

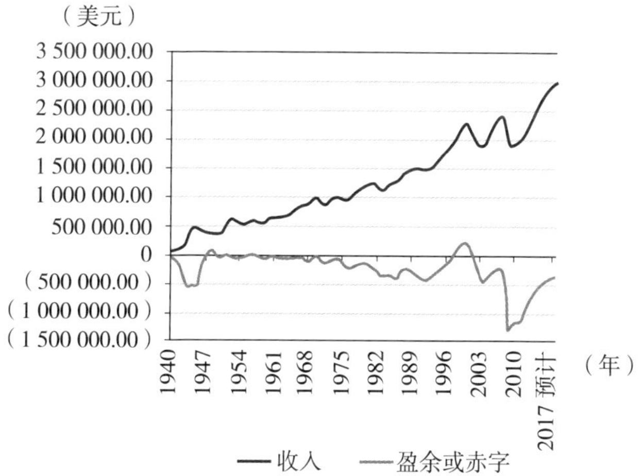

图7.2　1940—2017年美国联邦收入和赤字（2005财年固定购买力）

数据来源：白宫管理与预算办公室。

图7.3则换了个角度看问题，它把随时间变化的联邦政府总债务与图7.2中所显示的年度财政赤字放在同一个图内进行比较。我们可以看到，联邦收入从1940年起就稳定增加，而债务则上涨得更快。历史证明，收入增加并不会导致债务减少，这告诉我们，美国国会不是十分擅长量入为出。我们当然可以扩大税收，但这并不意味着政府会用它们去偿还债务。

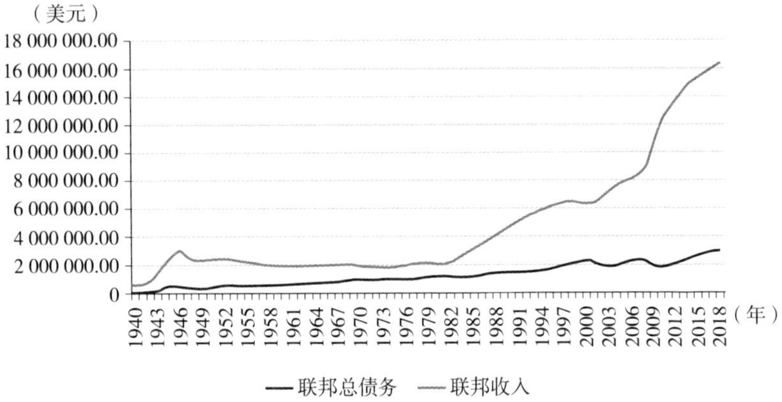

图 7.3　美国联邦收入和债务（2005 财年固定购买力）

数据来源：白宫管理与预算办公室。

你也许在想，联邦收入的增加是否主要是由于美国经济规模的增长，联邦收入是否只是随着经济的发展而自然增长，而支出的扩大却是因为政治选举的承诺和虚构的需要。现实是，联邦收入比国家经济规模增长得更快——联邦收入占国内生产总值的比例不断提升的趋势证明了这一点。美国国会预算办公室预计从现在到 2038 年，联邦收入占国内生产总值的比重将持续增长。联邦政府在经济蛋糕中所占的分量甚至会进一步增加——但是仍然没有能力平衡预算或者减少不断上涨的债务量。问题不在于收入的匮乏，而在于支出的过量。

我对2012年几个月里各类活动的参加者进行了一次不严格的调查。我问他们，如果宪法保证他们比原来缴纳更多的税费用于偿还政府债务，他们是否愿意多缴税，大约90%的人举手表示愿意。然后我又问表示愿意的人，是否相信国会真的会用那些钱减少政府债务，这一次我问的几十个人中没有一个人举手。由此可见，作为国家和社会的一分子，我们对自己选出来的领导人真的会去减少债务持怀疑态度，而那些图表中陈列的事实也表明这种怀疑是言之有理的。

为什么一个国家不能只靠印钱来解决债务问题呢？事实上，在我们的问答环节，经常有人提出用这个方法来解决问题。尽管这听上去很简单，但实际上并非如此。大规模印钞——毕竟我们谈论的是17万亿美元的债务——会贬低货币，以及所有商品的价值。需要记住的是，美元没有含金量，也没有任何内在价值。如果借款的人们知道某个国家正在凭空造钱，那么那种货币的购买力可能会丧失殆尽。相应的，这会导致投资者（贷方）要求利率增加，以抵消货币贬值的风险。这样的恶性循环所造成的信用危机会进一步恶化现有的问题，加快财政危机的产生——不久就会引发财政上的坏账。[①]

利率上调会对联邦预算造成不利的影响。美国国会预算办公室认为2013年罕见的低利率水平不会持续，接下来的几年里利率将会反弹，这会导致政府借款成本大幅上涨。国会预算办公室还预计政府债务利息会从2013年占国内生产总值的1.9%增加到2038年的4.9%[②]，这个数字听上去或许不是很多，但我们现在支付的社会保障费占国内生产总值也仅为4.9%，而社会保障一项就消耗了联邦预算的22%。[③]

除此之外，美元在全球市场中的贬值也会提高进口货物的价格。通货膨胀拖累着经济的增长，伤害着工薪阶层中的低收入者和固定收入者，还会导致商业贷款和个人贷款利率的提高。这些都会促使人们减少开销，从而最终造成经济衰退。如果通货膨胀和由此引发的利率上浮足够可观——再加上一些其他的因素，比如本书之前曾提到过的

---

① 大卫·格林劳尔（David Greenlaw）、詹姆斯·D·汉密尔顿（James D.Hamilton）、皮特·胡柏（Peter Hooper）、弗雷德里克·S·米什金（Frederic S.Mishkin），“危急时刻：财政危机与货币政策的作用”（Grunch Time：Fiscal Grises and the Role of Mone tary Pollcy）（发表在美国货币政策论坛上，纽约，2013年2月22日）。

② 国会预算办公室，“2013长期预算展望”，最近一次于2013年10月31日修正。

③ “政策的基础：我们缴纳的税去哪儿了”（Policy Basics Where Do Out Federal Tax Dollars Go?），美国预算与政策选择中心，最近一次于2013年4月12日修正。

人口趋势变动——最终就会引发经济萧条。

我们目前尚有能力应付债务，这要归功于前任美联储主席伯南克留下的史上最低利率的10年期国库券。但是这并非长久之计，而且压在我们身上的沉重债款的巨额利息也等着我们去偿还，这远不是盲目印钱所能解决的问题。

我们迈向何方？

图7.4展示了美国国会预算办公室预计政府债款占国内生产总值比重的变化。除非我们能平衡预算，有所盈余，然后以此来减少债务压力，否则颓势仍将延续。

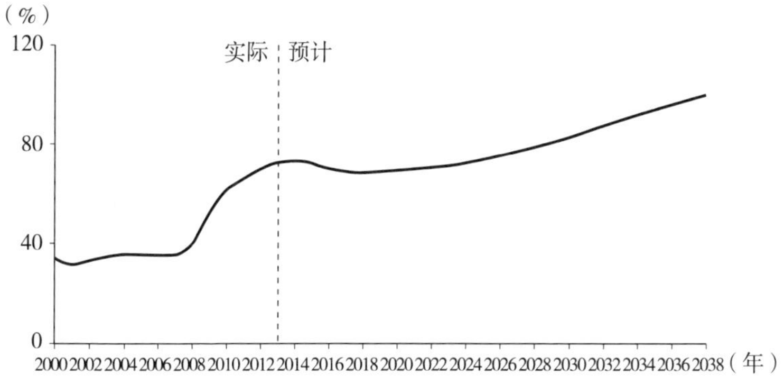

图7.4　国会预算办公室长期基线展望公共联邦债务

数据来源：国会预算办公室，www.cbo.gov/publication/44521，2013年9月。

当然，并非所有人都相信美国需要平衡预算，或者说能实现收支相抵。[①]前面所讨论的巨额利息就很明确地表明了我们目前的道路危机四伏，难以为继——考虑到恶劣的资产负债表中潜藏着的财政危机，外国债权人所带来的风险，还有在20世纪30年代由人口结构变动造成的社会成本的爆炸性增长。关于美国何时能达到预算平衡并开始减少债务压力，目前尚未有言之成理的判断。美国国会预算办公室预计这个问题将会不断恶化，直至2038年。

尽管这看起来似乎无足轻重，但是国会预算办公室在其发布的《长期预算展望》（*long-tern budget out look*）中有以下陈述。

2009—2012年，联邦政府创造了自1946年以来相对于经济规模来说最为庞大的预算赤字，造成联邦负债水平急速上升。政府持有的联邦债款现在大约占经济年产量，或者说国内生产总值的73%。纵观整个美国历史，除了“二战”这一个短暂时期，这个数字可谓是绝无仅有，已经达到了

① 丽莎·德贾斯丁（Lisa Desjardins），“为什么美国可能永远都不会再有平衡的预算”（Why the U.S.May Never Have a Balanced Badget Again），美国有线电视新闻网，2012年3月29日。

2007 年年底的两倍。据国会预算办公室（CBO）推测，如果目前法律维持不变，相对于国内生产总值来说，公众持有的联邦债务将会在接下来的数年里逐渐下降。然而，不断扩大的赤字最终会使债务水平再次回升，直至超过当前的水平。国会预算办公室预计在 2038 年，也就是说 25 年之后，即使不考虑扩大的债款对经济造成的负面影响（特别强调），公众持有的联邦债款也将会达到国内生产总值的 100%……除此之外，相对于经济规模来说，负债状况将会趋向好转，但这不可能是一个无限期存在的趋势（特别强调）。[1]

显而易见的是，我们将在 20 世纪 30 年代面临一些金融问题——而且国会预算办公室也深知这一点。

我们正日渐步入这样的未来：相对于经济总量，联邦政府的支出会不断扩大。具体来说，国会预算办公室预计联邦政府的支出将增至国内生产总值的 26%。如果要与其他年份相比的话，2012 年联邦政府支出占国内生产总值的 22%，而过去 40 年这一指标的平均数字是 20.5%。这一数字的增加源于平价医疗法案的实施，以及社会保障总署开

---

① 国会预算办公室，《长期预算展望》。

销的扩大导致现有医疗保障项目费用的上涨。据估计，医疗保障和社会保障将在未来从过去40年平均占国内生产总值的7%上涨到占国内生产总值14%，但是这些额外的开销来自何方仍是一个问题。国会预算办公室预计2038年联邦收入只有国内生产总值的19.5%，而支出却会高达26%（过去40年的平均水平为17.5%）。

这意味着什么呢？读者们要做好准备，因为大量财富将会从私人手上转移到政府手上，要么通过增加税收，要么通过发行国债。无论是哪种形式，均预示着商业的衰退。

图7.5简要地展示了美国政府会如何塑造我们的未来。直到2038年，医疗保障和净利息支出会一直增加，而这将在可预见的未来里大量挤占其他非利息开销的空间。你们会发现自己所钟爱的政府项目，或其他非必要的政府部门越来越难获得资金支持了。最后一点，社会保障曲线在20世纪30年代会趋平，这是因为越来越多婴儿潮时期出生的人会在这期间去世，而即便在那时候，社会保障的支出占预算比重仍将高于现在。

来自国会预算办公室的官方预测值在2014—2023年有急剧上升，如表7.1所示。

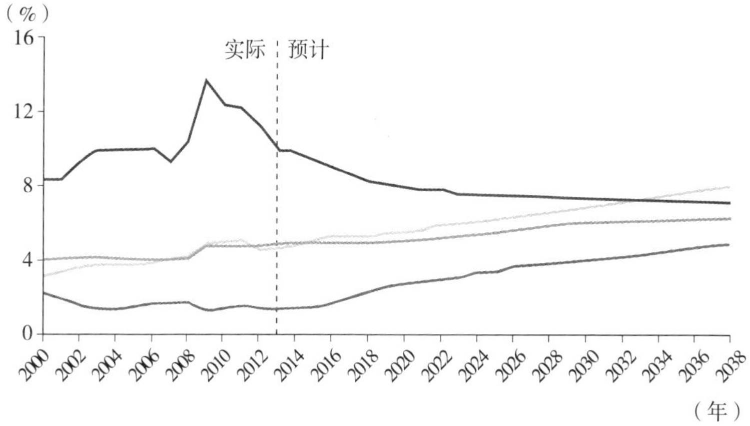

图 7.5 基于国会预算办公室法规可延续预测总支出的组成部分

注：起点处最高的线，其他非利息支出；第二高，社会保障支出；第三高，联邦政府在主要医疗保障项目上的支出；第四高，净利息。

数据来源：国会预算办公室，www.cbo.gov/publication/44521.2013 年 9 月。

表 7.1 社会保障和医疗保障项目 2014 年与 2023 年的变化

单位：十亿美元

	2014 年	2023 年	增长率
社会保障项目	854	1423	66.6%
医疗保障项目	951	1843	93.8%

数据来源：国会预算办公室。

现在已经有很多人在思考政府如何才能负担这些项目支出了。想象一下，仅仅几年后，政府面临的财政压力会比现在大得多，那时会怎样？

州和地方政府

并不是只有联邦政府才有债务扩大的问题，州和地方政府自身也积累了大约 3.2 万亿美元的债务，还有待支付的 3 万亿美元的退休金。2000 年以来，债务水平的上升速度令人震惊，如图 7.6 所示。我们可以看到，债务的急剧增加并非产生于大衰退时期的现金危机，而是发生在经济增长时期。要想在 2030 年之前还清债务，那 50 个州加起来要连续 20 年每年产生 1 500 亿美元盈余才行；但实际上，2012 年这

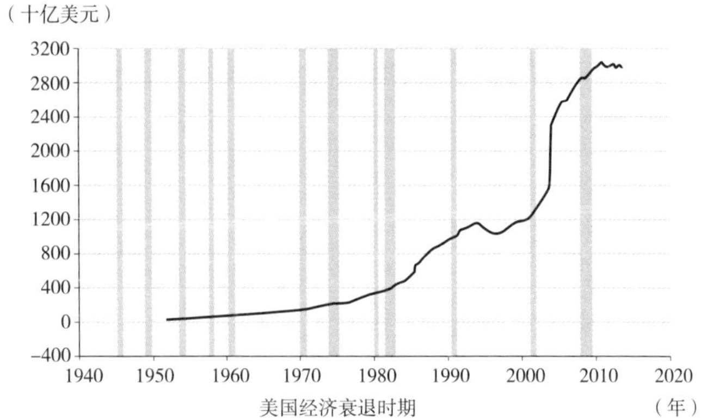

图 7.6　州和地方债务（不包括退休基金）

数据来源：圣路易斯联邦储备银行，2014 年。

些州的赤字总额为640亿美元的赤字。2013年情况稍有好转，至少有一半的州有盈余。然而州政府不大可能用这些盈余去降低债务水平，尽管报纸常常告诉我们要节约有道，但是事实上，无论是民主党还是共和党的州长们都想增加开支，而不是偿还债款。像这样长期负债累累会给州政府的预算造成很大压力。

根据美国统计局的资料，2012年，50个州共支付了约4 990万美元的利息，达到了总支出的2.52%。州政府债务2012年的平均利率是1.733%，2013年则更低。

问题在于，利率将会上浮而非下调，因为只有这样才符合我们预计在接下来的几年里发生的通货膨胀。这个趋势会对州预算产生极为不利的影响，如表7.2所示。

表7.2　州政府的预算压力

年份	预计利率（%）	3.2万亿美元债务所需利息支出	比2012年增加的数额
2018	5	160	110.0
2023	7	224	174.1
2028	9	288	238.1

数据来源：美国统计局。

高额的债款利息、人口成本的上升会迫使州政府增加税收、削减开支，或者二者结合。这亦是联邦政府将面临的局面——区别在于州政府有没有能力印钱。位于负债州的个人和企业将不得不支付更多的州税。

将苦难传遍世界

很多人以为中国的经济规模和美国一样大，但实际上美国是中国的两倍（准确地说是中国的189.7%）。因此，考虑到本书提到的美国国内生产总值对贸易的依赖程度很大，美国国内状况会对中国和其他国家的贸易也产生巨大的影响。表7.3展示了我们之前探讨过的美国重要的贸易伙伴——它们极大依赖于美国经济的良好运行。数据表明，由于2008年的经济危机，这几个国家在2009年都遭遇了巨大的经济震荡，美国则位于震荡的中心。

表7.3　对美国的依赖程度

国　家	出口额占国内生产总值比重（%）	对美国出口额的排名	2009年国内生产总值的变动（%）
澳大利亚	21.3	7	-0.2

续表

国　家	出口额占国内生产总值比重（%）	对美国出口额的排名	2009 年国内生产总值的变动（%）
加拿大	29.7	3	-3.0
中国	27.3	1	+9.0
德国	51.8	6	-5.0
欧盟	43.1	2	-5.8
墨西哥	32.9	4	-5.0
俄罗斯	29.4	17	-8.0
美国			-2.8

数据来源：世界银行。

仅在 2009 年年内，表 7.3 中的国家共有 780 万名工人失去了工作，美国的失业人口也猛增至 370 万，那一年一共有 1 150 万名工人失去了工作。将要到来的经济大萧条不仅破坏力巨大，还会给世界各国政府带来巨大的压力——在经济衰退的情况下要养活庞大的失业人口，同时还要兼顾其他福利。前几章已经讨论过，美国绝非唯一一个面临老龄化问题的国家。

澳大利亚是列表中经济状况最好的国家，因为和其他国家相比，除了俄罗斯，它对美国的依赖程度最低。澳大利亚的国内生产总值在 2009 年有所增加，但是其他国家的国内生产总值（除了中国）却明显减少。澳大利亚相对较小的人口规模和对出口商品相对较低的依赖程度使澳大利亚在面对未来的经济风暴上更具优势。除此之外，你可能还会注意到，澳大利亚在债务和人口问题上的表现也很出众。

中国似乎能在未来的经济风暴中像 2009 年一样充当避风港的角色，但是中国的人口问题十分严峻，而且实际上它对美国的出口量在 2009 年还有所降低。2009 年中国国内生产总值的增速高达 9%，但这主要归功于在基础设施（公路、铁路和建筑）上的刺激性资金投入，与依靠贸易和中产阶级扩大带来的持续性经济增长相比，这并非长久之计。中国之所以需要政府采用大规模的刺激性财政投入，恰恰表明了它对健康的美国经济的依赖。所以，中国需加倍谨慎，和美国一起为 2030 年的经济大衰退做好准备。

小　结

美国未来的债务水平不仅会影响自己，还会波及全球。上涨的借贷费用会迫使政府要么扩大税收，要么削减开支，而最有可能的则是二者结合。随着 2030 年的临近，读者们要为企业和个人所得税税率的上浮做好准备。税务会计和税务律师的职业技能在未来的几年里将大有用武之地。

债务水平的急剧上升和利率的上浮还会导致其他的恶果。下次危机到来时，政府会发现可用来应对危机的钱已所剩不多。财政紧缩政策并不讨喜，但终归比发生金融危机要好。

第八章

从现在到 2029 年，企业发展的策略和方法

变化即将来临。在经济大萧条到来前夕，企业发展策略和方法如下。

- 在你公司的损益表显示出端倪之前预见到衰退
- 了解进退之道
- 明白规则处于不断变化之中

本书意在勾勒未来世界的面貌，以此帮助读者在生活和工作中应对变局。诚然，知晓前文所述的趋势并为此做好准备是具有前瞻性的成功策略的重要部分，但若没有与之互补的操作层面的具体方法，那么通向成功的宏大蓝图将成为空中楼阁。这是因为，长远的现实就如同迂回曲折的漫漫道路，道路虽长，却由无数的弯路与小径构成，那正是我们在迈向未来时不得不经历的挑战。说到底，这就是一个信息收集和基于信息决策的过程。我们最钟爱的商业活动计量工具是月度数据、移动总量和变动率。我的第一本书《行动起来》(*Make Your Move*)已经全面详尽地讲授了如何应用这些工具，所以本书只会对这些工具进行简要的介绍。

月度移动总量

移动总量是一定月份内月度数据的总和。例如，11 月的 3 个月移动总量是 9 月、10 月和 11 月的月度数据之和。一旦 12 月的月度数据公布，9 月的月度数据将被去除，再加上 12 月的月度数据。这样 12 月的 3 个月移动总量就是由 10 月、11 月和 12 月的月度数据记录组成，12 个月移动总量则是过去 12 个月的数据之和。在移动总量的计算过程中，新的月度数据会取代旧的月度数据。

计算变动率

变动率是指一组数据中的某个数字相对该组数据之前某个数字的比例（百分比）。计算变动率时，选择的时间间隔应保持固定。变动率会告诉你企业的表现比上年的这个时候是更好还是更坏，以及好多少或者坏多少。

如果变动率始终保持在一个方向，这就意味着运营情况与上年相比在进一步好转或者恶化。变动率可以测量周期性的变化，反映变化的趋势。12/12 变动率对于发现领先指标之间的关系也是至关重要的。

计算 12/12 变动率时，上面的 12（分子）代表 12 个月移动总量，下面的 12（分母）则代表时间间隔是 12 个月。

利用计量工具

如果想在拿到收益表之前提早掌握经济变化趋势，需要做到以下几点。

（1）创立一个领先的指标体系。挖掘那些能够应用于你公司的指标，包括我们将在本章描述的和任何你觉得可能有所帮助的指标在内，利用它们来预测未来的变化。

（2）当两个领先指标上升或下降时，多加留意。核查其他领先指标是否印证了这种方向性变化的真实存在。在经济趋势研究所中，我们会利用本书将要讨论的便捷方法来计算趋势逆转的可能性。当领先指标中的两个指标都告诉你风向开始转变时，你就应该开始着手准备应对的计划，因为计划不可能一蹴而就。你需要想清楚应该升起哪个帆，以及谁来控制升帆降帆的绳子。

（3）当五个领先指标转变方向时，立即行动。这通常是经济拐点到来的铁证。你可以信心十足地采取相应的行动，因为系统已经清楚地向你表明，经济趋势的根本性变动正在成为现实。当五个领先指标都指向同一个方向时，这基本上不可能只是一个巧合。每一个指标都会互相印证，证明经济方向的转变的确为真。你要调动你的资源，准备好执行计划，因为变化就在眼前。这时候很多人可能会感到热血沸腾，跃跃欲试，因为经济的湖水将再次荡起层层波澜。

（4）开始做一些执行计划所需的策略性转变。即使领先指标的转变最终被证实是错误的或者是不全面的，你也无须反应过激。你只不过是稍微调整了企业的架构，当外界或内部确认商业周期变化成为事实之后，这些调整是必不可少的。

我们构建宏观经济领先指标系统时，需要用到的一系列领先指标主要包括以下几种。

（1）**公司债券价格**（12/12 变动率）。公司债券价格的变动是一项具有高度代表性的领先指标，但经常被很多预测员忽视。我们已经通过长时间验证，证明它极为有效。

如果你阅读过我们以前的著作，你应该已经知道，公司债券价格的变动是我们最喜爱的领先指标之一，它的精确性和客观性尤其为我们所珍视。无论哪个政党当政，公司股价的 12/12 变动率都极为有效。在过去的 30 年中，战争与和平的不确定，通胀通缩交替，美联储领导换了好几位，全球化程度不断加深。但无论怎样，公司股价始终准确如一，甚至 20 世纪 70 年代迪斯科的出现也没有削弱公司股价 12/12 变动率作为领先指标的价值！

计算方法：如果交易所中债券的价格正在上涨，这说明债券的收益正在下降，这对于企业来说是件好事，因为企业融资的成本会降低。这意味着公司的领导层并不畏惧通货膨胀，更低的利率也有助于企业购置资本设备和投资新企业。请记住：

- 高利率不利于借钱；
- 低利率有利于借钱。

所以我们希望看到公司债券价格上涨，因为这意味着更多的企业能够融资，然后利用这些资金来发展企业，促进营收。公司债券价格是最先变动的领先指标之一，尽管大多数的时候公司债券价格都最先反映某种趋势，但很少有人意识到他们应该去追踪这一数据。

领先时间：一旦公司债券价格出现变化，就意味着在大约 10 个月内经济也会发生变化。我们一般会告诉客户他们有一年的领先时间。

来源：可以从穆迪投资者服务公司官网（www.moodys.com）、彭博公司网站（www.bloomberg.com），以及其他金融服务商处获得关于公司债券价格的信息。最好每月查看 AA 级企业或 AAA 级企业公司债券的平均收益。

（2）**ITR 领先指标**。布莱恩在 20 世纪 80 年代发明了这一重要的指标，近来经济趋势研究所的高级经济师安德鲁·迪盖（Andrew Duguay）对它进行了修订。这是一项复合指标，兼顾了经济的两个方面：消费者和企业行为。

计算方法：ITR 领先指标用来表明公司对公司、公司对消费者的活动是提升还是在下降。它包含了周期性经济活动中的大宗商品、金融指标，以及其他更广泛的要素。

领先时间：峰值间的领先时间中位数为 10 个月，谷值间的领先时间中位数也是 10 个月，浮动范围是 9~12 个月。

来源：ITR 经济咨询公司对这一领先指标享有所有权，订阅《ITR 趋势报告》（*ITR Trends Report*）或《ITR 咨询》（*ITR Advisor*）后方可查看。订阅信息可在 www.itreconomics.com 上查阅。

（3）**美国供应管理协会（ISM）采购经理指数。**这是一个顶级领先指标。公司债券价格通常只考虑公司经济状况，ITR 领先指标考察各类企业活动，而采购经理指数的角度与这两者均有不同。采购经理指数建立在对采购经理调查数据的统计分析之上，它适合用来分析经济领域中的企业间经济行为。

计算方法：这项指数通过企业的订单来分析企业的经济状况。采购经理提供相应的信息，然后分析数据以检查存货、价格、订单量、出口和进口货物数量是增多还是减少，以及交货速度是加快还是减慢。

供应管理协会在指标权重分配上表现出色，无论在波峰还是波谷都领先于经济变化，是指示商业社群总体温度相当不错的计量器。

领先时间：通常来说，该指数领先于美国总体工业生产的时间位于谷值期间为 7 个月，峰值期间则为 5 个月。

来源：可在美国供应管理协会的网站（www.ism.ws）

和各大报纸财经版上查阅到该信息。

（4）**美国领先指标**（U.S. Leading Indicator）。最初由政府所创，现在由私人性质的世界大型企业联合会汇总发布。这项指标侧重于分析经济领域中的消费者行为。

计算方法：在众多可测数据中，美国领先指标选取了建筑许可证的发行数目用以跟踪和分析。其他指标为货币供应量、股票市场状况、利差、建筑许可证数量、非国防物资新订单、周均工作时间、消费者预期指数、供应商交付指数（卖主交货执行情况），以及首次申领失业保险者的数量。

领先时间：领先时间在峰值期间通常为13个月，谷值期间通常为10个月。

来源：世界大型企业联合会通过新闻稿发布美国领先指标数据，在各大报纸和世界大型企业联合会网站（www.conference-board.org）上也可找到该指标的信息。

（5）**订单与存货量**（Orders vs. Inventory Levels）。这项指标同时追踪产品的订单数量和公司存货量，经济趋势研究所使用政府数据来计算两者的比例。

计算方法：订单不断增加，存货量减少意味着经济在蓬勃发展。而订单减少、存货量增加则表明可能正在进入经济衰退期。我们用存货量除以订单量的比值来计算这项指标。

领先时间：中位数为 7 个月，峰值期间的领先世界水平为 11 个月。

来源：美国商务部（U.S. Department of Commerce）将新订单数量和存货量发布在制造者运载、存货与订单调查上。经计算后，经济趋势研究所会在企业与行业组织展会上展示该领先指标。

（6）**股市指数**（标准普尔 500 指数）。我们并不是非常喜欢股市指标这个领先指标，之所以要谈及股市，是因为实在是有太多人追捧它了。与此同时，我们也想弄清楚股市的风向。

计算方法：当股市繁荣时，大部分人会认为经济发展势态良好，反之亦然。但股市作为领先指标存在着两方面的问题：①股市的变化可能只是偶然的；②有时候股市的变动会滞后于经济，以前有好几次直到经济开始衰退时，股市才涨到顶峰。

但是，股市总体上能够反映人们对企业表现的看法，也能很全面地体现经济发展状况，而且相当受欢迎，所以我们给了它一个位置。

领先时间：4 个月。

警告：很多人同时研究多种股市指数来判断未来经济走势，也有些人只专门研究一种指数。但是，这些指数并不能完全描绘出经济现状，也不是非常可靠的领先指标。

如果将股市纳入领先指标体系的一部分，那么它可以发挥一定的作用，但股市还没有可靠到能独自扛起领先指标的大旗。更为严重的是，很多人长期依赖道琼斯指数、标准普尔 500 指数，以及一些其他的股市指数。他们不知疲倦地每日查询股指信息，甚至一天内也要查询好几次，这些纷繁复杂的数据噪音会严重干扰他们对未来经济走势的判断。

（7）**房屋开工率**（Housing starts）。房屋开工率是一个值得信赖的领先指标，也很容易查询和跟进。住房在经济建设中占据重要的地位，只有将房屋开工率考虑在内，领先指标系统才可能称得上精确。

使用方法：房屋开工数量越大，它对经济的推动力也就越大。如前所述，就算一个企业与住房毫不相干，房屋开工数也会通过引起经济其他部分的波动来影响企业。除非住房市场开始回暖，否则很难说经济有好转的迹象，经济在住房市场回暖之前会经历阵阵疼痛。

领先时间：房屋开工率峰值比工业生产高峰提前约 8 个月的时间，谷值间的平均水平则为 6 个月。

来源：从美国统计局处可以很容易地获取房屋开工率的信息。房屋开工率的数据是分区采集的，因此人们可以专门关注自己所在的地区。有些州还会提供每个县的房屋开工率数据。

（8）**零售额**（Retail sales）。尽管销售额变化领先于经济大势变化的时间并不长，但它依然是一项极其重要的指标。零售业兴旺的时候，零售额大约能占据美国经济的 67%。

计算方法：在零售额萎靡不振的时候，除非消费者能重回市场，否则经济不会好转。在预测未来变化的时候，零售额就如同馅饼的某一块，只有当它归位时，馅饼才能完整，你才能肯定数据指向的趋势的确为真。当零售额上升的时候，你可以充满自信地判断，经济正在回暖，新的趋势将要到来。

领先时间：零售额提供的领先时间相对较短，峰值间与谷值间分别为 2 个月与 3 个月。

来源：美国统计局。

很显然，如果你能将你对自己公司和市场的经验与经济大势和领先指标体系联系起来，领先指标就能发挥最大的作用。当分析的落脚点放在公司层面时，我们会发现更多专门的数据，这些数据会给经济趋势研究所系统增添至少十多个分析指标。

第九章

攻守兼备：经济周期上升阶段的战略

进攻与防守

懂得如何进攻与防守意味着你能预见经济周期（business cycle）复苏阶段的到来，从而能够制订扩张性的计划，提早确定价格和预算（进攻），提前洞悉经济周期衰退阶段的弱点，保护自己的利润率。即便经济整体萎靡（防守）。经济周期由四个阶段组成：A、B、C 和 D。

在阶段 A，经济周期正在复苏，经济正向增长。数据显示，曾处于衰退期的经济开始好转。如图 9.1 所示。

企业可以通过两个有效数据来发现这一变化，从而肯定经济周期正在复苏。

（1）公司领先指标体系中的大部分数据正在上涨；

（2）测量公司最近 12 个月增长水平的 12/12 变动率也在上升。

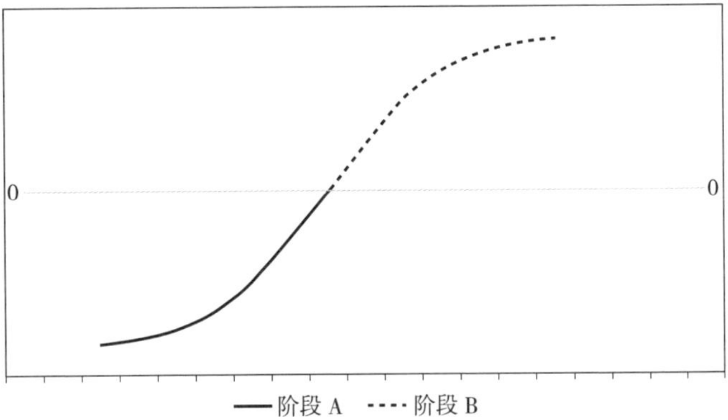

图 9.1 阶段 A：12/12 变动率正在朝着零位线不断上升

数据来源：经济趋势研究所。

矛盾的信息

阶段 A 可能让人困惑。尽管经济发出了复苏信号，但大部分决策者依然持悲观态度，举棋不定，忧虑重重。因为经济曾跌入万丈低谷，沮丧的气氛将会持续包围着人们。大部分新闻报道、分析报告和小道消息仍然持消极论调，没有人敢确切地说经济何时会好转。这个时期，甚至乐观者也会谨慎万分，不敢越雷池一步。那句古老的格言“黎明前总是最黑暗”最能描述此时的情形。

即使看到一些表明经济周期正在步入复苏阶段的迹象，

大部分企业领导者也不敢采取行动，因为他们周身的世界仍是如此消极。他们看向仪表盘上的指针——领先指标和12/12变动率传播积极的讯息——当他们把目光投向窗外时，却看到失望与悲观的乌云笼罩着大地。因此，领导者们不愿在此时采取行动。

在阶段A中，公司内部氛围会缓慢地由犹疑转向希望，积极和充满希冀的氛围逐渐加强，人们终于开始相信经济恢复就在不远的前方。这时，公司的竞争对手们都开始制订计划，以利用这场人人期待、即将到来的大好时机。

不要拖延

如果你在阶段A中及早行动，你就至少能有6个月的领先时间。在你的竞争对手们终于开始制订计划的时候，你的计划早已完成，已经进入了执行阶段。

别等到你已经进入阶段A才尝试利用这一回升的阶段，那就太迟了。相反，你应该留心经济指标，一旦指标中有到来的迹象，就立即集中资源，制订计划。当它到来时，你要知道具体应该做些什么，以及如何执行那些计划。

在你进入阶段A时，需要做如下几件事。

• 做企业家该做的事。企业家在工作中灵活机智，充满创造力。他们工作勤奋，不容他人指手画脚，告诉他们不能做什么。他们设定目标，然后实现目标。

• 行动果断，迅速出击。由于阶段 A 是一个充满变化、机会与成长的时期，你应当保持积极进取的态度。就算市场疲软，也要寻找方法来利用疲软的现状，将其化作自身的优势。

• 不要自我限制，应四处发掘机会。不要选择逃避，“那不是我们的市场”；而是应该问，“我应该怎么打进那个市场”；不要叹息道，“我们没有合适的人手”；而是应当向大家宣告，“咱们一起去找到合适的人吧”。

阶段 A 管理目标

随着经济逐渐回暖，以下几个步骤可以应用于你的公司，你可以通过运用这些方法来利用回暖期。

成本与存款

（1）与工会协商合同。劳动力方面，因为最近发生的大规模裁员，劳工领袖们会更加关注未来，而不是现在。他们通常不会向你施加压力，要求提高薪资和福利；工人们能有份工作就已经很高兴了。阶段A为企业提供了与员工签订劳动合同的绝佳机会，从而压低未来几年的劳工成本。

（2）签订租约。商议或者是重新修订你有关汽车、机器、房屋的长期租约。地产经理和业主或许会对我们的这项提议感到不满，但他们明白这是合情合理的。由于经济衰退，房屋出租人会担心房子空置，因此他们会乐意和潜在的租户达成双赢的局面。业主们可能会在租金上做出让步，通过减少租户当下的现金支付压力来换取更长的租期，或者租期结束时获得的回报。他们会变通一些，尤其是在通过延缓租金支付来帮助租户们渡过难关这一方面。

（3）锁定商品价格。通常来说，商品价格是一项相对滞后的经济指标，因此，随着你的公司走向正轨，你的未来将会逐渐明朗，你应当在商品价格上涨之前签订长期的原材料购买合同。达成这样长期的契约关系需要勇气，但这样做将在未来为你省下一大笔钱。

为复苏打下基础

（1）收购企业。经济萧条时期，空气中总是充斥着沮丧与失落的味道。公司老板们疲惫不堪、沮丧万分，不再愿意努力去维持企业的运转——尤其是当他们缺少资金，企业利润也一落千丈的时候。他们的企业本身可能仍然健康兴旺，但他们的精神却已消沉颓唐，因此他们会拷问自己：自己的公司是否值得为之付出如此艰辛的努力。你可以利用这一普遍的悲观态度，向他们提出相对低廉的报价，他们可能会欣然接受，对你来说这将是一桩美妙的交易。

（2）挖掘消费者需求。挖掘消费者的潜在需要，查明需要做些什么来满足那些需求。通过消费者调查来挖掘他们的诉求，时刻对不断变化的世界保持敏感。根据你发掘的客户需求引进新的产品线。例如，年轻一代的顾客不仅看重产品的价值，也希望产品蕴含的社会价值与金钱价值相匹配，因此节能商品和绿色商品前景可期。不要一成不变，固守老本，应当向消费者提供他们渴望的产品和服务。阶段 A 前期是你重整旗鼓的绝佳时机，因为这时候你可以全力以赴，将所有的时间和才能都投入到新的方法上。

员工和领导

（1）培训员工。由于企业正处在上升阶段，你必须保证当市场需求达到顶峰时你有足够多训练有素的员工。预估未来的订单数目，想想需要多少训练有素的员工来完成订单，然后就开始招贤纳士，开展培训，以应对未来的高峰期。如果你没有做到这一点，公司的客户服务将会一塌糊涂，客户对你会弃如敝履，然后转投他人。而且，如果客户因为糟糕的服务弃你而去，你几乎不可能再吸引他们回来。

（2）招纳人才。即便是最好的员工也难免会在经济萧条时期丢掉工作。在阶段 A，很多优秀的职场人士或者处于待业状态，或者是在为那些缺乏远见、策略与方向、奄奄一息、濒临倒闭的企业工作。这些人里，很多人将会寻觅其他就业机会，因此阶段 A 是一个绝佳的招徕人才的机会。如果你错失良机，阶段 B（繁荣期）到来时这些人将无处可寻。

发展与扩张

（1）投资技术与软件来提高效率。随着经济周期的前进，在技术上的花销会远低于雇用更多员工的花销。现在技术投资也会比一两年后便宜得多，如果能用科技取代人力，不要迟疑！

（2）雇用更多销售人员。大部分公司会直到增长趋势已确凿无疑时才开始招收和培训新的销售人员，但这往往会来不及——因为企业告诉我们将新员工培训就位需要9~12个月的时间。阶段A大约会持续12个月，因此企业应在阶段A的谷底来雇佣和培训销售人员，这样才能在进入阶段B时有充足的人手。根据你预计的工作量，招收足够的人手，不要到阶段A过去时再追悔莫及。派出全新的销售大军挺进你从未探索过的领域，从你上一次为阶段B做准备到现在，世界已发生了改变，所以不要以为你仍会面对同样的市场和顾客。

（3）采购资本设备。在阶段A购置资本设备比在阶段B便宜得多。在阶段A，大量新旧设备价格诱人，你的选择范围也会更大。相对后面几个阶段，这一阶段的领先时间少得多。

尽情享受好时光

经济周期的第二阶段是美好的阶段B。当你的12/12变动率超过零位线（见图 9.2）时，你就知道你已到达了阶段 B。销售额逐渐超过去年同期，收入攀升到上涨趋势中最陡峭的一段。

图 9.2 显示了阶段 B 中 12/12 变动率不断上涨，离零位线越来越远的过程。

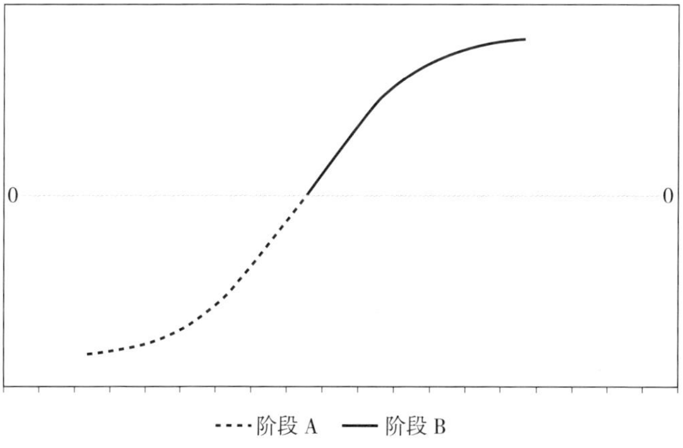

图 9.2　阶段 B：12/12 变动率超过了零位线并继续上升

数据来源：经济趋势研究所。

在很多方面，阶段 B 都是经济周期中最好的和最激动人心的一个阶段。每天早上醒来之后，你都会迫不及待地赶去工作，因为一切都是如此生机勃勃、盎然如春。在阶段 B 的后半部分，尽管应付增长会带来额外的压力，但享受成功的喜悦、见证公司的发展总是令人激动的。

无论你在阶段 B 期间的感觉有多么美好，都要眼观六路、耳听八方，在采取行动之前留意信息。为了延长阶段 B 的时间，继续享受前进的动力，请遵循以下阶段的经营目标。

加大油门

（1）监控进度流程，防止潜在瓶颈。没错，你可以应付目前的工作量——但是如果工作量再增加 5%、10% 或者 20%，你还能应付得了吗？回答这些问题，设想不同的情景，警惕可能的瓶颈，思考当新企业蜂拥而入时（在阶段 B 总是经常发生），你的企业应该如何应对。此时做出调整和改变，比工作量大增时再修补流程要容易得多，也很可能会更加便宜。

（2）提高价格。我们之前就谈到过这一点，现在让我们更深入地探讨一番。设想一下：你很忙，真的很忙；你的产品或服务需求量极大，你正在享受投资带来的丰厚回报。但你也会注意到，你的员工感到压力增加，由于犯错、缺勤、效率下降、加班等种种原因，你的成本也会上涨。现在是时候提高价格了。起初，你的业务量可能会停滞不前，但是你的利润会增加，你能以一种理智沉稳的态度来面对成本问题。

（3）保持并继续提高质量。质量可以令你保持巨大的竞争优势。大部分公司都不愿看到他们的产品质量下降，但这种情形确实经常发生。在你一心追求效益增长时，自满得意会悄然而至，而这有可能使你产品或服务的质量下降。用经营产品的原则来保持对顶级品质的追求，用现金流改进公司的管理，让它成为长期的顶级品牌。

当整个世界似乎都渴望你的产品或服务时，维持质量不变可能会很难。但是，即便质量只是稍微下降一点儿，都可能会对你的声誉产生严重的负面影响，让你这些年的努力与卓越付之东流。你要始终如一地提供最高质量的产品或服务，这是顾客们期待与渴望的，亦是打败经济衰退周期的长期方案。

（4）外包。当内部压力与日俱增，可以寻找外部的生产商，转包产品生产。当未来的形势十分明朗、长期的目标也十分明晰时，你很自然会想到扩张内部产能，并倾向于给厂房添砖加瓦，不断吸收人员，这会导致你的固定成本或半固定成本的上涨。在何种情况下应用外包呢？以下三种情形最为有利。

①去从未涉足的区域开拓市场，或者为你现处的市场提供新的产品或服务。

②建造或采购时间极其漫长，要求你将目光放长远，跨越经济周期。

③服务或产品技术性很高，需要加以保护。

放远目光，不要局限于现在

（1）问自己："下一步怎么做"？你对这个问题的回答会帮助你阐明你希望公司如何发展，制订总体规划，探索达成目的的方法和步骤。如果你知道下一步该怎么做，你就可以延长阶段 B 的繁荣时期，缩减下一阶段，阶段 C 的时间。你的回答还能帮助你完全避开萧条的阶段 D。

想清楚下一步该怎么做可能会很困难，需要重温你的目标和你想要的东西。比如说，我们都想要收入不断增长，即使是在经济衰退的环境中。回答下面几个问题可以帮助你决定下一步该怎么做。

a. 两年到五年之后我会想做些什么呢？我会想当一个没有任务，执行无力的首席执行官，依靠勤勉的公司董事长来打理日常事务吗？

b. 我希望我的公司在未来是什么样子？

c. 我的公司能制订出一套全面灵活的市场策略吗？

d. 我的顾客在未来几年会对服务和产品有什么新的需求吗？

e. 我的顾客需要什么现在还没有，甚至还没有想到的产品或服务呢？

f. 我能洞悉顾客需求，然后在竞争者发现这些需求之前满足顾客吗？

g. 我是不是还没有考虑过是否存在出口的机会？

（2）拿出传教士的劲头，进军新市场。将目光投向新地区，你可以通过弄清楚下一步要做什么来明确方向——挖掘其他地区的市场价值（国内的或国外的），提供全新的服务或产品，使你能开辟新市场，向范围内的老顾客或新顾客提供产品或服务。大力投资、合理经营，朝着新方向发展，不要仅仅只是扩充现有的公司。

（3）打破循环。在反循环或者循环产业外寻找潜在的顾客——包括医疗、气候变化和绿色产业。我们将在十一章里详细讨论。

（4）保持理性。警惕直线法（straight-line）预算。因为这经常会造成严重的财力错配，随之引起利润下降。如果资源得不到合理利用，上市公司及其管理人员会在华尔街遭受沉重打击。

公司领导有责任好好管理手中的资源，变动率分析在这一点上有所帮助。线性预算本质上是线性思考模式，它在特殊的情形中不一定有用；它会遏制创造力和灵活度，导致得到的预测循规蹈矩。要是再抱有“事不关己高高挂起”的想法，离灾难性的后果也就不远了。

（5）冻结扩张计划。除非扩张计划和经营目标有很大关联，否则就不要扩张。“下一步怎么做”，这一经营目标极其重要。阶段 B 中泛滥的乐观主义和喜悦情绪会使很多决策者在接近经济周期顶端时迫不及待地开始扩张，我们看到很多企业在大规模扩张几年后不得不把它们卖掉，以获得所需资金。

遵循那条老生常谈的公理：低价（在经济周期中）买进，高位卖出！不要在周期的顶端扩张，那时候一切都将更加昂贵。因此，需要在阶段 A 或者阶段 B 的早期扩张，那时成本较低。

（6）砍掉业绩不佳的部门。审视所有的部门，将业绩不佳的部门摆上“货架”。把那些即使在繁荣时期也利润微薄，或者面临长期处于经营衰退的部门大刀阔斧地砍掉。

不要舍不得抛弃业绩不佳的部门，即使它们可能曾经是公司的核心业务，或者与公司创始人、高管关系密切，感情深厚。

小 结

在经济发展态势良好时可以采取很多积极的行动，更重要的是，这时候你的公司发展动力十足。整个环境都在孕育着丰硕的经济果实，前进的脚步似乎停不下来，这非常有利于带领企业走向繁荣。压力确实存在，但它主要来源于纷繁的事务、做不完的事情。当总体经济情况、你所在的产业和你的公司从阶段 B（快速发展阶段）发展到阶段 C（发展减缓的阶段）时，危险将会降临。

我们将在下一章探讨阶段 C 和阶段 D。这两个阶段是经济周期的后半部分，包含下滑的走势。领导者需要有坚定的信念和沉着的心态，从而能够在衰败的形势中有所收获。

第十章

用防守取胜：在整体衰退中提高利润

前一章展示了适用于经济和企业发展期（阶段 A 和阶段 B）的 ITR 经营目标，每一条都是为使利润最大化、促进企业长远发展而设计。本章将探讨的经营目标虽然在本质上是防守的，但实际上是致力于维持和提高经济周期中下滑阶段（阶段 C 和阶段 D）的企业利润。我们深知相当多的企业领袖学会了在下滑阶段说“不”的方法（即不要花钱、不要改变、不要采取任何积极行动），消极被动的气氛已经在很多公司蔓延。我们认为，企业应当主动出击，正面迎战。下面这些观点将帮助你应对从现在到 2030 年每次的经济下滑，以及即将到来的经济大萧条。

当 12/12 变动率越过了周期性的高潮，朝着零位线不断下降的时候，就意味着阶段 C 出现了。在这一阶段，你公司的规模——无论以业务量还是收入额来衡量——仍然比之前一年大，但增长幅度在逐渐减小。12/12 变动率位于经济周期的后半部分和阶段 C 的早期阶段，数据上涨的趋势正在趋缓，最终将会在阶段 C 结束前进入到下降趋势中最为陡峭的一段，如图 10.1 所示。

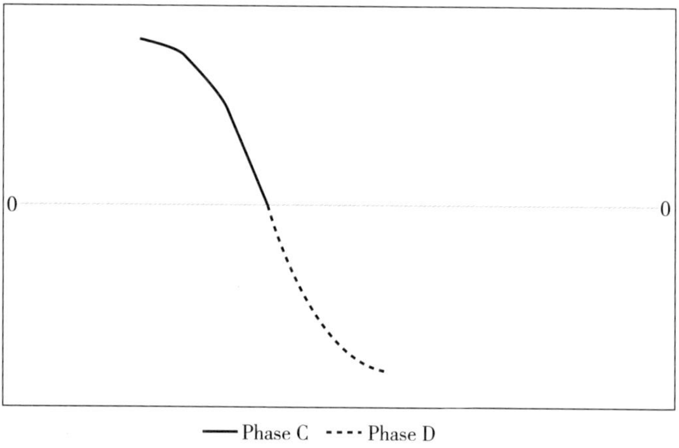

图 10.1　阶段 C：12/12 变动率朝着零位线下滑

数据来源：经济趋势研究所。

阶段 C 早期算不上糟糕，因为你的现金流充分，心态也十分乐观。你就像是船长，操纵一只高速航行的船在平稳前行。一切都是如此顺利，每个人都对现状感到满意，你的顾客也是如此，大家似乎仍然在阶段 B 中。

尽管远处的乌云仍要花点时间才能飘近，但领先指标和变动率已经侦测到其变化，向你警示前方的危险在蠢蠢欲动。这个阶段你需要避免几个典型的错误反应，主要包括以下几点。

• 无视经济问题的初期征兆，将其视作可以迅速而有效控制的暂时性问题。通常来说，联邦储备委员会、中央银行和政府等外部权力机构会无视变化的第一批征兆。

• 不断扩张产能上限。在错误观念的作用下，管理层可能会认为飞速发展的阶段永远不会结束，顾客需求会持续增长，所以他们会不断引进昂贵的新生产线，但事实并非如他们所想。

• 迫切想要发展核心部门，试图脱离非周期或反周期的市场。因为你的公司尚在盈利，而且供不应求，公司中的一些人或许不想把钱投到那些有待观察的领域。

经营目标

一以贯之的核心主题是谨慎。保持警惕，使你的公司准备好面对核心产业营业额下降、公司利润减少、现金状况恶化等诸多情形。通过执行以下几个步骤，安全渡过阶段 C。阅读下列精简后的经营目标，选取最适合你公司的几条——然后执行它们。

现金是王道

（1）盯紧现金流量表和资产负债表。前进的最好方法是牢记那条听上去是老生常谈的真理：现金为王。在衡量一个首席执行官是否成功的方法中，这条底线是最经常被用到的，也是最浅显易懂的，所以要时刻注意它。通过留意资产负债表的变化，为面对放缓的增长速度，甚至可能发生的衰退情况做好准备。问自己下列几个问题：

a. 资产负债表是否表明自己管理的公司依然健康。如果在经济周期最繁荣的一个阶段，你都能在表中找到需要改进的地方，那就说明你需要付出更加艰辛的努力，来面对未来的衰退。你必须付清债款，储备现金，减少库存。

b. 在接下来的季度中，你是否还能挖掘公司的潜力。

c. 如果明年公司业务持续恶化，你还能维系公司的生存吗？你烧钱的速度有多快，你能在未来继续保持这种消耗的速度吗？

d. 你能否及时偿还贷款，确保你能满足贷款协议上的条款？别让自己在未来两年中因为贷款限额被下调或被要求偿清贷款而陷入被动的困境。

e. 在未来不景气的几个月里，你的贷款能力是否会因为债务股本比（debt-to-equity ratio）而受限？扩张企业，利用杠杆可能是最为有效的方法。之所以要在经济周期的谷底扩张企业，因为这时各种价格、利率等相对而言都比较低。即使你的公司正在度过艰难的阶段 C 或者阶段 D，你也应该有能力扩张企业，如果现金状况不算太糟的话。

f. 你的应付款项和应收款项是否还在可控范围内？它们是否有足够的流动性——你能保持这种流动性吗？当周期性条件开始恶化的时候，很多公司没能保持应收款项的流动性。流动性对公司极其重要，随着公司向经济周期的其他阶段发展，无法合理控制应收款项则会严重伤害你的公司。

回答好以上问题，将为席卷而来的暴风雨做好准备，和你的会计财务团队一同找出最佳的解决办法；谁想在暴风雨中乘一艘漏水的船呢？

（2）开始裁员。很多公司都是“慢裁快雇”，但是阶段 C 的格言是“快裁慢雇”。在阶段 C，让他们走。在阶段 A，领他们回。

在阶段 C 的早期，依靠自然减员来减少员工的数量。然后执行后续步骤，以实现省钱的目标，为工作强度的降低做好准备。尽管让员工走人是一件很艰难的事，但为了公司更长远的利益，这也是不得已而为之。而且，对于那些自身十分优秀却不适合这个公司环境的员工，或许是一件好事。

随着你的公司在阶段 C 中继续前行，状况会持续恶化，可以采取以下步骤。

a. 在阶段 C 的早期，分辨出能力 A-、B- 和 C- 的员工。

b. 设定一个标准，以决定何时裁员。比如说，当你的 12/12 变动率降到 1% 时，当你的税息、折旧及摊销前利润（earnings before interest depreciation and amortization）达到 3% 时，或者当你预见到如果你继续维持现状，未来四个月里将会发生严重的资金问题时。

c. 制订一份裁员名单。一旦你做出决定，感情上的压力会大幅减少，你也会有时间来为艰难的正式裁员做好精神上的准备。随着公司的发展，很自然地会产生人员过剩和员工质量下降等问题，削减掉多余的员工是正常且必要的管理方法。

（3）分部门制订预算削减计划。根据增速放缓或有可能发生的衰退来制订预算。这个听上去简单，但操作起来却十分困难。在过去的几年里，你的公司可能一直遵循“增长，永远增长”的准则，奉行着“不增则死”的理念。但是，经济衰退会使增长停滞，甚至下降，因此你必须降低期望，灵活调配资金，才能抵御前方暗流滚滚的经济风暴。

记住：家得宝（Home Depot）不会在夏天贮存雪铲产品，因为它们没有市场。不仅要根据不同季节调配资金，更要根据一定的周期调配资金，一个周期会包含许多个季节——并且应牢记以下几点。

a. 应当根据预估的周期性需求来制订工人和机器的生产规划，下原材料的订单，以及预计制成品的库存量。

b. 变化中的经济周期会影响预计的出口和入口资金流量需求，这意味着你满足债权人的能力将会受到威胁。它也会影响你发放工资的能力。

c. 预期利润率和你达成目标的能力会决定华尔街、董事会、商业伙伴和股东大会上大家的各种反应。实际上，他们会根据你的公司在繁荣时期和衰退时期对生产要素的利用情况和盈利水平来判断你管理水平的高低。

d. 消费者、客户、职工和供货商对你的信赖程度取决于你完成自己设定目标的情况。确保计量工具到位，它能告诉你何时达到目标；统筹人员安排，确保你团队里的人有能力达到你的目标。

（4）减少培训。有选择地省略员工培训的某些部分。虽然培训那些可能几个月后就跑去为别人工作的员工听起来有些荒谬，但高级会计人员的培训绝不能停，他们需要时刻跟进不断变化着的税法、监管制度和相关解读。

如果你觉得员工职业素养和能力的欠缺让你处于不利的竞争地位，你或许应当增加培训量。可以考虑对核心员工进行交叉培训，这样他们能身兼多职。例如，上过一两次课之后，薪酬平平的中级主管也许能够胜任更多的工作，抑或是你的某个库房工人学会了如何操作叉车或者库存控制系统。

团队共进退

（1）砍掉质量较差的产品，优胜劣汰。这需要你仔细审视，执行更严格的标准，而不是放宽或减少标准。这样的产品就像是你钟爱的老式雪佛兰，你和你的兄弟姐妹是用它学会开车的，它至今还能开——勉强算是吧。但它闻起来就像个烟囱，是个“油老虎”，而且并不安全，你根本不敢开着它跑太远。尽管每个人都对它有感情，并不想抛弃它，但它很占空间，生锈得几乎要报废，而且没有实际的用途。所以，甩掉它吧。

（2）在阶段 C 的末期不要签订长期采购协议。大宗商品及其他各种货物的价格变化往往与经济周期的四个阶段同时发生，或者说稍微滞后一点。价格通常在经济处于阶段C的时候下跌，尤其是真正进入衰退的时候。

（3）查明竞争劣势并克服它。我们在讨论阶段A和阶段B的时候回答了如何建立竞争优势的问题。在阶段C，随着公司在经济周期下滑路上越走越远，我们需要找出，然后克服每一个竞争劣势。竞争劣势会使你失去顾客，原因如下：

a. 交货速度缓慢。

b. 质量糟糕或勉强合格。

c. 品牌和广告语过时。例如，不要鼓励你的消费者“往油箱里加老虎”[①]，而应该告诉他们“进入里程数越来越多的世界”。

d. 没有应用最新的科技成果。作为一家调查公司，你是否在使用装有激光功能的手持电脑记录器？你的数据处理是否和竞争对手一样高效且跟得上时代？你是不是最后一家不支持刷卡的加油站？

e. 包装方式在消费者看来有害环境或者浪费资源。

① 20世纪60年代末，埃索公司（现为埃克森美孚公司）的广告语。——译者注

（4）确保你和你的管理团队协调一致。如果整个团队都在采用线性预测的方式——这经常发生——它会导致各种各样预算和资源配置问题。像大多数问题一样，解决这种问题最好的办法是提前预防。让你的团队跟进内部和外部变动率、领先指标和行业预测，以此来建立信任，促进团队协作——每个人都要参与。

（5）留意应收账款。警惕那些陈账旧款，不要让逾期比例比销售额增长得更快。在阶段C，当你的会计师要你保持谨慎，告诉你有多少账务延期，以及涉及哪些人时，你要认真聆听。

准备好处理销售和会计部门间的利益冲突。

a. 销售人员有一种“拼命干活”的心态，试图通过一切方法拉来订单，包括客户最乐意见到的长期赊销订单。

b. 会计师深知，在将来经济恶化，最终进入阶段D的时候，现在销售额的很大一部分将会成为明天的坏账。

你无法让每一个人都开心，但是请记住这些：

a. 如果你因为潜在的客户没有足够好的信用条件而失去了一笔买卖，你只会损失那一笔交易中的利润。

b. 如果你做成了那笔买卖，然而却得不到钱，只能将整个销售额列为坏账，这会损失更多。你损失的钱可以抵得上很多笔订单的利润之和。

（6）提高资本支出的认证条件。在阶段B的末期和阶段C的初期，人们总是禁不住大手笔支出——因为一切都如此顺利，每个人都乐观无比。即便出现危险的预兆，也难以打消人们进行资本支出的念头，因为人们信心满满，他们自以为能一直扩张，具体表现如下。

a. 雇用更多的人。

b. 购置更多的设备。

c. 升级系统。

许多公司在阶段C的初期会添置各种各样的东西——大型设备、轮班员工、自动设备的新生产线、一批新货车、全新的电脑系统——全都是基于一种错误的想法：这样就能一直欣欣向荣、蓬勃发展。这些支出会为你未来的资金危机埋下种子，可能导致你破产或者被兼并。

你应该用资本打开新市场，以及在那些能迅速带来回报和有潜力赚取更多资金的项目上投资。比如说扩大现有产能，扩充公司的环保部门，购买效率更高的新设备，拓展出口市场，以及完善售后服务。

（7）评估供货商的实力。确保你的供货商财力雄厚，货物充备。通过问每个供货商以下几个问题，确定他们是否能撑得过阶段 C 和阶段 D。

a. 管理团队是否了解经济和行业的状况。

b. 固定成本的增加和大笔投资是否建立在认为繁荣时期将会再持续 1~2 年的错误想法上。

留意你的供货商，他们的状况对你而言十分重要，必须要保证他们能及时供货。建议他们减少库存量。如果你的供货商资金出现问题，有资金断裂的危险，这可能会导致他们无法提供应有的服务和保修服务，你为此要付出高昂的代价才能解决这一问题。当你的供货商无法交货时，你可能会无法向消费者或客户交货。如果供货商倒闭，这会让你处于极度不利的竞争地位，不断消耗你的资金。

阶段 D——周期中最消极的阶段

经济周期的阶段 D 中，你的 12/12 变动率低于零位线，收入（或者你追踪的其他数据）的 12 个月移动总量（12MMT）越来越低（见图 10.2）。阶段 D 里，人们情绪高涨，波动剧烈，不同的人会有不同的感受。

a. 这只是暂时的偏离，不会持续太久。

b. 经济没有什么问题，我们可以随时阻止下滑的趋势。

c. 这没什么特殊的。我们已经经历过很多艰难的日子了。

以上三种人否认经济衰退。

a. “这很严重，我们完蛋了。”只见过风和日丽、对灾难毫无经验的经理们看了太多的新闻报道，他们中有些已经吓瘫了，有些则在寻找救生艇。

b. 是的，没错，海上的波涛越来越汹涌了，所以我们要准备好船只，调整航线，继续前行。

这些人是我们的英雄——他们保持镇定，认清现实，在没有迷失方向，或者不放弃理想的前提下做出调整。

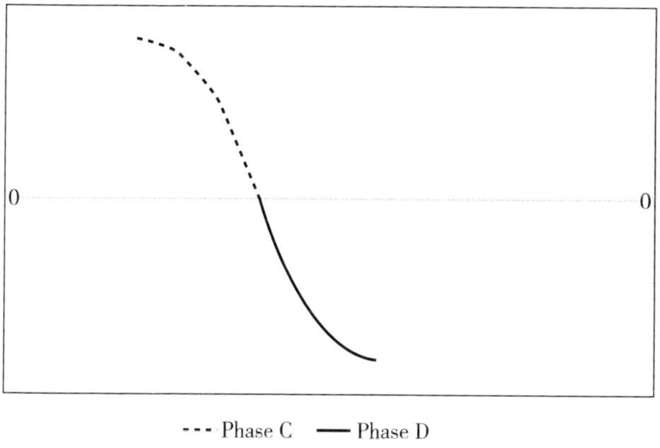

图 10.2　阶段 D：12/12 变动率下滑到零位线之下并继续下降

数据来源：经济趋势研究所。

阶段D经营目标

你可以准备好船只，沿着航线前行，以及通过遵循我们的经营目标来侦测危险，并避过危险。

就算收入在减少，公司也能在阶段D保持盈利——同时通过执行经营目标来为未来做好准备。

少即是多

（1）减少广告，精挑细选。我们深知，在消费者中保持公司的声誉具有重要价值。但是，我们并不认为困难时期在广告上花钱是明智的做法，因为广告所带来的回报是相对有限的。例如，一个口碑很好的房地产公司，比如美国霍顿公司，为什么要在本身品牌已经十分知名，而房地产市场基本枯竭的情况下花费1 500万美元的广告费呢？广告在这时能发挥什么作用呢？

另外，对于汽车经销商来说，为高质量的服务部门打广告和提供折扣能吸引人们来到它的展销厅，亲临感受那些马力强劲、熠熠生辉的优质汽车，这可以产生实际的收入。如果广告能促进收入的增加，那它就是一个较好的选择。

（2）不要签订长期采购协议。如果你常常通过长期合同来减少成本，就必须明白，现在大部分服务和产品的价格都在随着经济周期下滑。所以，在经济处于阶段D的时候，应当限制货物的采购数量。减少采购数量能提高你对成本的掌控，从而使出售价格有调整的空间。如果你向消费者提供折扣，他们会十分感激这份优惠——而且这不会影响你的盈利。

（3）检查所有的租赁协议。空置率在衰退期间或者阶段D会上涨；因此，倘若房产业主的贷款、税务、保险和维护费用不够灵活的话，房产主可能会遇到资金问题。这些业主所期望的是能稳定支付房租的租户，这点能使你签下较为划算的合同，创造双赢的局面。

（4）提高资本支出的条件。在阶段D的前半部分，你只有以下几个理由购置固定设备。

a. 这个设备能让你的公司打入新市场，从而抵消核心业务的下降。

b. 这个设备的领先时间很长，也就是说，你必须现在订购它，才能在阶段A拿到它。

c. 钱多到烧手。你可以通过提高效率、引进新工艺流程或者裁员来积攒存款，而这仅仅是其中的一部分。

d. 这个设备能使你的公司具备强大的技术优势，促使潜在客户向你涌来。

在阶段 D 的谷底附近，可以考虑购置那些能在阶段 A 助你一臂之力的固定设备。进入阶段 D 后期时，固定设备的价格会比阶段 D 前期要低。静心等待，你的耐心终将获得回报——你会从中赚取可观的利润。

（5）合并职能相近的部门，缩小管理团队的规模。审视整个企业，思考企业部门和组织架构有无可改进之处，以提高效率。你可能在阶段 B 时扩大了企业产能，为特色部门和专业化业务腾出了空间，这在当时是明智的做法。但是，既然你现在处于阶段 D 中，你需要把你在阶段 B 中精心搭建起来的架构拆解开来。

比如说，如果你经营的保险公司在 2002—2008 年随着经济的繁荣而飞速发展，其间你做出了不少改变。随着经济的发展，你扩充了人手，向建筑公司提供服务，向医疗产业出售保险，为新生活刚刚起航的年轻夫妇设计理财计划。你给每个团队都分别配备了一名支持人员、一名销售人员，以及一名小组主管，他们在繁忙的阶段 B 中都是必不可少的。但是阶段 D 已经到来，你需要审视一番，看是否有必要分配专门的支持人员和主管——特别是为建筑公司服务的员工每次在你路过时都假装在拼命工作时，就需要整合小组来保证你的利润了。

（6）收紧信贷政策，强化审查力度。你的销售人员很可能不会喜欢这两个举措。首先，依据现实情况调整信贷政策。在向新客户或（利润贡献很低的）老客户提供信贷之前，提高信用评分和资产负债表各项比率的门槛。其次，浏览应收款项，不要对催款感到不好意思，也不要不敢降低那些无法按时还款客户的信用等级。你的会计部门会支持这些举措：毕竟你已经无法承受随意授信带来的后果了。

是时候打开钱袋子

（1）抢占陷入困境的竞争对手的市场份额。那些因为猝不及防而被经济衰退击中的公司很难再追赶上来。如果阶段D旷日持久，你会发现以下几个方面业务的开展尤其艰难。

a. 创新。

b. 引进新产品。

c. 创造竞争优势。

d. 市场营销。

e. 针对仍在购买他们产品的消费者打广告和做促销

活动。

艰难度日的公司明白，市场中不缺少既有购买力又有购买意愿的消费者。他们缺少资金，无法用广告和促销活动吸引消费者的注意，并促使他们购买产品。那些资金充分的竞争者将有足够的火力从陷入泥潭的公司手中抢夺市场份额。

（2）**考虑购买商业房地产**。在你进入阶段D后期前，你能够洞悉经济何时开始恢复。此时，商业地产的建造和价格仍滞后于美国的工业生产。除此之外，阶段D的利率是整个经济周期中最低的——而且大部分人直到我们进入经济恢复期三个月后才意识到恢复期开始了。阶段D后期给我们提供了一个绝佳的机会，因为商业房地产处于数年间最低的价位，利率也十分诱人，经济也将开始回暖。

（3）**对经济回暖的可能性持开放的态度**。通过对公司财务变动的分析，你会发现公司业务好转的最初迹象与领先指标所显示的是一致的。当这两个因素同步时，你应该预见到回升期的到来，并且不要不敢为此花钱。

（4）**抓住机会收购其他公司**。近一两年间愁苦的阴云仍然笼罩着市场，利率很低，而人们的期望甚至更低。很多公司即将用光仅剩的资金；其他公司则沮丧失落、一蹶不振，在经济衰退的影响下正在失去战斗的意志。因此，很多人越来越倾向于出售自己公司的部分或全部。

此时应当采取相应的行动，考察那些陷入困境的公司，商议收购事宜。尽可能收购那些契合你现有业务，并且能在未来几年给予你公司积极影响的公司。

规则在改变

人口、金融和技术都在变迁——和文化变迁一起——这为我们本书中所讨论的经济变化提供了动力。关于变化必然性，以及如何应对变化、管理变化的著作已是汗牛充栋，而我们写这本书的目的在于，它能够提高你从未来变化中受益的可能性。经济周期是最难对付的变化之一，因为经济周期开始的原因每一次都不尽相同。这就是为什么本章和前一章简要地探讨了如何建立测量经济周期变化的体系，并将其纳入公司管理的常规事务。随着 2030 年的临近，你应当使经济周期管理系统与你的战略构想协同一致、融成一体，这能确保你的公司和你个人都能从中受益。

下一小节是助你从周而复始的经济周期中获益的十条建议。

应对经济周期的十条建议

（1）知道你的公司、消费者和客户都受到周期变化的影响。

（2）设计用于测量公司增长率的客观工具。

（3）永远要了解你的公司处于经济周期的哪个阶段，以及是阶段的初期、中期还是末期。

（4）弄清楚你所处的每个市场分别处于经济周期中的哪个位置，以及它是领先于周期还是滞后于周期。

（5）建立一套领先指标体系，并学会如何用它来揭示公司的未来。

（6）在公司内培育这样一种文化：员工明白变化是一个持续不断的过程，并致力于让公司与市场一同发展。

（7）时刻提醒自己，“还有什么是我不知道的”。

（8）找到那些相对而言非周期性，或者说受经济周期影响低于平均水平的市场。

（9）明白你的员工往往不太喜欢变化，你必须坚定不移、条理清晰地领导他们。

（10）愿意依据经济周期中的变化和你的市场来迅速调整公司运营模式和业务。

小 结

当进入经济周期后半阶段，人们的态度可能会变得相当消极。不景气的经济环境、经济衰退，以及经济萧条会毫不留情地打击人们的信心。最好的领导既能认清现实，又能保持乐观，并用这种乐观的心态影响激励他人，并且积极执行策略以改善公司的状况。不管是现在还是未来。要做到以上这几点，公司领导者需要有强大的心脏，通过积极的沟通与交流，对公司处于经济周期的哪个阶段保持清醒判断。

第十一章

股市中的绝佳机会：公司和个人需要明白的事

如果能把从现在到2030年必买的五只股票提前列出来，那将多么美好啊！可是生活并非如此，因为环境在改变，利率在浮动，产能在增减——短期来看，股票价格更是如此。但是，我们会将我们所认为的大有前景的公司和私人投资领域列出来，供读者参考。将它们列出来的意义并不在于检验你是否已经进入那些领域，而是让你问自己："我将来如何能进入那些领域做生意呢？"这与我们最喜欢的爱德华兹·戴明（W. Edwards Deming）——美国学界声名卓著的学者和导师的名言——有异曲同工之妙，"如果你觉得没有必要改变，那就意味着没必要生存。"这也和我们最喜欢问的问题相似，"接下来是什么"？改变不只是为了生存，也为了给你自己创造机会，让你能比过去更快的进步和获得成功。这主要取决于你能不能找到或者开辟一条道路，参与到这些浪潮中去。

作为个体，我们可以将投机性领域纳入到我们的投资组合中，从它们的繁荣中分得一杯羹。至于是让它们构成投资组合中的核心部分，还是作为辅助投资则完全取决于你。接下来则是与数个投机性领域有所关联的一组交易所交易基金。我们在这里提及交易所交易基金，并非是号召你去购买或者出售，也不是向你推荐。它们仅是一些你可以考虑的交易所交易基金的实例，如果你对这些领域略感兴趣的话。本章稍后会列出交易所交易基金由内布拉斯加州林肯公司的克拉克·柏林（Clark Bellin）提供，他既是我们的朋友，又是我们的资金管理人。

能源运输

能源运输是一个让你在经济中受益，同时又能规避价格风险的经典方法。除非《星际迷航》（*Star Trek*）中的运输设备成为现实，否则我们还是需要把产品从一个地方运到另一个地方，如果运输方式高效则更会有利可图。我们之所以要注意能源运输，是因为世界上对能源的需求势必和经济一起持续增长。投资油井和发电站的确可以赚很多钱，但是我们更喜欢通过把必需的能源运给消费者来赚钱。这一领域对价格的敏感程度较低，而且营收更加稳定。

这就是为什么横加公司（TransCanada）的股票一直很受欢迎。当前，在全球能源发展的宽松环境中——美国的水力压裂市场尤其典型——将能源产品从地下运给消费者成为基本需求。在北达科他州，和很多其他地方一样，人们焚烧着油井的副产品——超量的天然气。根据法律或经济运行的规律，这些天然气本应被采集后输送给其他地区的消费者。2013 年，美国的原油日产量超过了俄罗斯，而这仅仅是个开始。将原油运往精炼厂的需求，将原油从精炼厂运往发电站的需求，将电力从发电站输送到消费者的需求，描绘出了一幅激动人心的经济蓝图。你需要做的是确定能否找到这么一条道路，让自己成为这幅蓝图中的一分子。

PowerShares Dynamic Oil and Gas Services Portfolio（交易代码 PXJ）是一只能源服务领域的交易所交易基金。不管它是否符合你的需求，它都是一个很好的起点。任何对此领域感兴趣的个人都可以购买这只基金来分散风险，这只基金的持有者即证明了这一点。

贝克休斯股份有限公司（Baker Hughes Inc.）

斯伦贝谢有限公司（Schlumberger Ltd.）

哈里伯顿公司（Halliburton Co.）

国民油井华高股份有限公司（National Oilwell Varco Inc.）

国际海洋工程股份有限公司（Oceaneering International Inc.）

威福德有限公司（Weatherford International Ltd.）

瑞士越洋钻探有限公司（Transocean Ltd.）

诺布尔公司（Noble Corp.PLC）

帕特森能源公司（Patterson-UTI Energy Inc.）

乐购公司（Tesco Corp）

印刷电子技术

成本低廉，灵活方便，实用性强，并且不断发展——这是印刷电子技术的使用标准，新式的或者稍微改装过的印刷机可以使用包括薄膜和布料在内的多种印刷基板，通过墨水的作用，有机材料能够成为半导体。想想吧！由晶体管和电阻构成的可卷曲设备显示器，能发光并且能根据你的情绪和身体需求变换颜色或衣服的图案、（更加）智能的手表和昂贵小玩意，标题可以实时更新动画文字的报纸杂志，能调节光热能量的窗户，更好的电池，可调节灯具、电子墙纸、电子纸张、先进的游戏，多种包装选项，智能标签等。

对印刷电子技术市场规模的估计众说纷纭、莫衷一是，因为对这个领域很难给出标准的定义，而且它的发展速度是如此之快。ThomasNet News 报告称 IDTechEx(业内消息) 预计印刷电子、有机电子和柔性电子市场在 2023 年之前会从低于 170 亿美元的规模扩张到超过 760 亿美元。如此可观的增速将使它在彼时能与今日全球机床业的规模相提并论。

不仅只有印刷公司和印刷工具的制造商需要关注这一市场，围绕这一概念的新材料、新应用和最新输送系统都大有前景。运用你的想象力，一起来构筑未来的图景吧！

墨西哥

我们非常高兴看到墨西哥的经济前景一片大好。墨西哥在 2012 年是全球第十四大经济体，而且规模在增长，发展速度也在加快。除此之外，墨西哥也如桥梁一般在地理上联接着北美和南美。尽管帮派暴力和贩毒团队经常占据墨西哥的头条新闻，但如果我们抛去成见，放宽视野，就会看到一个新兴的制造业基地，这些都将助其发展多元化产业提供帮助，并拥有一个在长期两极分化的国家创造出中产阶级的潜力。从商业的角度来看，我们难以想象一个人会对墨西哥的商机视若无睹，而只想做一名看客。

诚然，不是每个公司都能在墨西哥做生意，但是我们可以抱有从这个国家经济繁荣的前景中分得一杯羹的念头。“安硕摩根士丹利资本国际”墨西哥封顶交易所交易基金（iShares MSCI Mexico Capped）（交易代码 EWW）可作为参考。2014 年，这只基金的主要持有者包括以下几个公司。

墨西哥美洲电信公司（America Movil SAB de CV）
墨西哥芬莎饮料公司（Fomento Económico Mexicano SAB）
墨西哥北方银行（Grupo Financiero Banorte SAB de CV）
墨西哥电视集团（Grupo Televisa SAB）
西麦斯集团（Cemex SAB de CV）
墨西哥集团（Grupo Mexico SAB de CV）
阿尔法公司（Alfa SAB de CV）
沃尔玛墨西哥分公司（Wal-Mart de Mexico SAB de CV）
因布萨金融集团（Grupo Financiero Inbursa SAB）
乌诺管理公司（Fibra Uno Administracion SA ）

水资源储藏及运输

尽管无穷无尽的水资源紧缺警告总是回响在我们耳畔，但水资源实际上并不会枯竭。以色列已经找到了凭借相对较少的水资源享受优质生活的方法，世界上其他地区也具有同类经验——美国和其他经济体都能从以色列世界的水资源管理中吸取很多经验。这就像原油一样，尽管油价峰值论耸人听闻，但石油并不会很快枯竭。我们只需要合理定价，节约使用，尽量确保我们不用尽这些资源就行。实际上，在定价、节约，以及寻找新资源的过程中蕴藏着大量的经济机会。确保水资源供应充足的方法不胜枚举，包括改进脱盐技术，从美国五大湖地区输送水，拖运冰山等。我们认为这个星球上各个地区解决供应问题的方法都不尽相同，除非近期内能发现廉价新能源来支持脱盐。

这个领域对很多人来说是一个敏感的话题，从环境保护人士到社会规划者，再到为我们提供食物的农民都是如此。我们并没有"南水北调"的兴趣，但这并不意味着我们不能参与这个领域的事情。景顺水资源组合（PowerShares Water Resources Portfolio）是这个领域内一只相当出色的交易所交易基金（交易代码 PHO），2014 年，该基金的主要持有者有以下几个公司。

沃特世公司（Waters Corp.）

滨特尔有限公司（Pentair Ltd.）

赛莱墨有限公司（Xylem Inc./NY）

福斯公司（Flowserve Corp.）

儒博工业公司（Roper Industries Inc.）

林赛公司（Lindsay Corp.）

维蒙特工业有限公司（Valmont Industries Inc.）

美国水务工程公司（American Water Works Co. Inc.）

美国水务公司（Aqua America Inc.）

穆勒水产品公司（Mueller Water Products Inc.）

医疗卫生

我们星球上的人口预计到2050年会再增加10亿，而且如今三分之二的人口寿命将超过65岁。这些数字告诉我们，不管你的主要目标群体是年轻人、老年人还是中年人，医疗卫生的需求都将在未来大幅增加。把握住世界范围内中产阶级壮大的趋势，以及随之引起的生活标准提高，你就能在未来享有一片繁荣的市场。

由于美国政府对医疗卫生体系的介入程度越来越高，我们并不能确定在美国主导这一领域的情况下还能从中赚钱，除非我们能进入私人医疗卫生市场。但是，抛开这一领域的盈利性不谈，它也势必是一个稳定而又健康发展的全球性的产品和服务行业。需要牢记的是，其他国家的医疗卫生产业都在随人口增长而迅速发展。不要把目光局限于北美洲和欧洲，亚洲、中美洲，以及南美洲都有着广泛的前景，可以从中寻找发展的机会。

医疗器械制造，人体器官再生，实验室服务，卫生医师培训，基础研究参与，这仅是几例能在企业层面介入这一经济领域的渠道。但是或许安硕美国医疗 iShares U.S. Healthcare 交易所交易基金（交易代码 IYH）才是你最佳的选择。2014 年，它主要的持有者有以下几个公司。

强生（Johnson & Johnson）

辉瑞公司（Pfizer Inc.）

默克集团公司（Merck & Co.Inc.）

吉利德科学公司（Gilead Sciences Inc.）

安进公司（Amgen Inc.）

百时美施贵宝公司（Bristol-Myers Squibb Co.）

雅培生命（AbbVie Inc.）

百健艾迪公司（Biogen Idec Inc.）

美国联合健康集团公司（UnitedHealth Group Inc.）

赛尔基因公司（Celgene Corp.）

职业教育

这一领域比之前提及的几个领域稍显小众一些。我们对此所持的观点是，很多行业中我们所需要的工作技能类型与美国所提供的教育类型之间存在着一道巨大的鸿沟，而且望子成龙的社会压力导致我们总是期望自己孩子从事白领工作。在工业化国家——尤其是西方——所缺的是专业知识与操作技巧兼备的优秀工人。我们迫切需要焊工、技师、货车司机、工厂工人、数控操作员，等等，而且这种需求将从现在一直延续至将来。我们并没有培育出足够的人才来从事这些体面的职业，因为四年制大学教育的高昂价格已超出了很多人的承受能力。职业技能与培训之间的鸿沟在美国尤其显著，这道鸿沟需要由一年制或两年制的高度专业化证书培训项目，以及配套的实习和学徒制度来填补。只有通过这种实际操作经验的磨砺，才能使其具备足够的职业素养，从而在职场中发光发亮。

3D 打印

3D 打印又被称为增材制造（additive manufacturing），既能生产产品原型，也能在本地生产少量的零部件，材料方面可以选择塑料或者金属。这个行业能使库存控制、成品部件配送及原材料生产发生革命性的巨变。运用 3D 打印技术生产复杂耐用品已是平常之事，而它制造复杂的零部件装配线的能力也在不断提高。而且许多业内人士都预计它的产值在几年后实现指数级增长。

制造 3D 打印机的设备并不十分昂贵，运行软件也是唾手可得，尽管还未普及。如果你有朝一日登录亚马逊，购买并下载了一个运行软件，就能复制或者更换坏了的车门把手、灯罩、电子设备上的按钮、定制的纪念品、优秀员工奖章、飞机零部件等等，我们一点都不会感到惊讶。认真想一想，你的顾客或者潜在顾客是否能从中获益。

住 房

这个星球马上就会再增加十亿人口——美国贡献了其中的一亿，而且这些新增的人口都需要住房。你可以选择成为供应链的一部分，为家庭或个人提供住房，这并不复杂。

安 保

信息化的发展和交通工具的革新使我们的世界越发便利，而与这种便利相伴相随的是人性阴暗面所滋生的种种危险。安保领域涵盖警卫服务、安保公司、武装护卫、侦查服务、专用设备、网络安全，以及装甲车辆等，可见这是一个多么庞大的全球性市场——近年来，全球总估值高达 1700 亿美元，而且我们认为它的发展速度将会比全球国内生产总值的增速还要高出几个百分点。

这个行业的某些部分利润率可能并不算高，但它有点类似对冲基金——主要靠大宗收入，对边角零碎也必须“斤斤计较”。它大有前景，利润也可积少成多。前者真正所指的是企业或个人安保服务，相比起国防安全问题和政府为此所花的巨额资金，行业中的这一部分看上去就像是小联盟赛。但国防安全部分存在的问题是政府无法为各种安保服务和产品提供稳定的资金支持。今天为步兵驾驶的装甲车提供钢板的厂商可能明天就会退出市场，就像为船舶电器元件制造接头的公司或者飞机制造商会轻易宣布停产一样。私人部门也许浮沉在变幻莫测的经济周期之中，但国防安全行业不仅要考虑经济周期的因素，也要面对政府的干涉与介入。你也许会因为高额的毛利率、订单规模，或者爱国情怀而偏好这一行业，但这个行业的经营方式与其他行业大不相同，需要谨慎考虑。

自然资源

通货膨胀势必会在未来经济发展中出现。伴随着全球人口和经济的增长之势，通货膨胀将使自然资源的采集和节约成为竞争中的制胜法宝。你会关注那些拥有大量自然资源，以及善于将其高效地输送到市场上的公司。不要总想着食品和森林，多留意矿石、石油产品，以及纳米结构的建筑单元。我们将要谈到的安硕北美自然资源 iShares North American Natural Resources 交易所交易基金（交易代码 IGE）过于偏重能源资源，超出了理想的配比度。也许你想用一只偏向农产品、可再生能源或者工业金属的交易基金来补充一下。2014 年，IGE 的主要持有者有以下几个公司。

埃克森美孚公司（Exxon Mobil Corp.）
雪佛龙公司（Chevron Corp.）
斯伦贝谢有限责任公司（Schlumberger Ltd.）
康菲国际石油公司（ConocoPhillips）
西方石油公司（Occidental Petroleum Corp.）
森科能源公司（Suncor Energy Inc.）
依欧格资源公司（EOG Resources Inc.）
美国哈里伯顿公司（Halliburton Co.）
菲利普 66 公司（Phillips 66）
阿纳达科石油公司（Anadarko Petroleum Corp.）

食　品

全世界的人都大张着嘴：多来点吃的吧。把食物种出来只是万里长征的第一步，把食物卖给需要的人则是另外一回事。全球气候差异将会使食品行业在未来大放异彩。这一领域机会遍地，你可以致力于转基因食品（或者纯天然食品）迎合消费者内心越发觉醒的健康意识，或者售卖猪腩肉大发横财，抑或是销售现代化的灌溉设备——因为淡水价格越来越高。

2014 年，景顺动态食品饮料组合（PowerShares Dynamic Food and Beverage Portfolio）交易所交易基金（交易代码 PBJ）的持有者名单向我们提供了一些线索，从中可以窥探出，我们作为企业和个人如何在食品行业赚钱——你只需要牢牢抓住这一交易代码为 PBJ 的食品业交易所交易基金就行了。

美国好时公司（The Hershey Co.）

美国阿彻丹尼尔斯米德兰公司（Archer Daniels Midland Co.）

蒙德雷兹国际食品公司（Mondelez International Inc.）

美国通用磨坊食品公司（General Mills Inc.）

绿山咖啡公司（Green Mountain Coffee Roasters）

百事公司（PepsiCo Inc.）

可口可乐公司（The Coca-Cola Co.）

星巴克公司（Starbucks Corp.）

美国克罗格公司（The Kroger Co.）

美国泰森食品公司（Tyson Foods Inc.）

娱乐业

有人说，西方文明永远都不会觉察到自身毁灭的降临，因为人们全都忙着找乐子。如果成长中的中产阶层拥有越来越多的闲暇时间，那么设法进入娱乐行业确实是上佳的选择。我们所指的娱乐业并非只是传统的休闲行业，它还包括赛车运动、体育事业、保龄球、电子游戏等——凡是人们用来打发闲暇时间，并且需要一定开支的活动都被包含在内，这才是我们渴望进入的市场。作为经济学家，娱乐业的概念对我们而言比较陌生，因此我们推荐了景顺动态休闲娱乐组合（PowerShares Dynamic Leisure and Entertainment Portfolio）这只交易所交易基金（交易代码PEJ），2014年，该基金的主要持有者（注意，棒约翰和星巴克也在名单之中。饮食也是娱乐）包括以下几个公司。

永利度假村有限责任公司（Wynn Resorts Ltd.）

迪士尼公司（The Walt Disney Co.）

拉斯维加斯金沙公司（Las Vegas Sands Corp.）

喜达屋酒店与度假村公司（Starwood Hotels & Resorts World）

斯克利普斯网络公司（Scripps Networks Interactive Inc.）

普林斯林公司（priceline.com Inc）

时代华纳公司（Time Warner Inc.）

星巴克公司（Starbucks Corp.）

皇家加勒比国际邮轮有限公司（Royal Caribbean Cruises Ltd.）

棒约翰国际公司（Papa John’s International Inc.）

第十二章

基于年龄和趋势的投资

若干共性

本书的两位作者都是注册投资顾问。对读者来说，这意味着作者投资经验丰富，敢于冒险，但是也深知自己所学有限。因此，本章并不会教你如何通过投资大赚百万，或者向你提供关于如何凌驾于市场之上的建议。与此相对，我们会教你如何利用我们所获悉的未来25年的经济趋势，并使其成为你的竞争优势。我们不相信什么让人能一夜暴富的投资策略（当然，除非你幸运到极点）。我本人（布莱恩）曾经读过一本非常有趣的数学书，它认为存在着一种被称为“新手运气佳”的现象。这本书中坚称这个现象必然存在，否则的话，为什么有如此多的人认为他们能在股市、赛马、卡牌、轮盘赌等类似活动中一赢到底、无视概率呢？他们中的很多人肯定是在开始时连连告捷，于是忍不住继续投注。所以，如果你是那些幸运儿中的一分子，那就请跳过这一章吧。但是倘若你想通过利用经济趋势和行之有效的方法来增加自己赚钱的概率，那就请继续读下去。

我们之所以要将本章放在此书的这个位置，是因为要想在将来持续赚钱，我们必须知晓未来的经济驱动力。这与一夜暴富的投资（那些比我们更幸运、更聪明的家伙）或者在一个经济周期内的投资（策略随着经济的繁荣和衰退而变化，也会在一定程度上随着一个又一个的经济周期而变化）不同。这是为追求长远的利益而投资，这个“长远”是指至少两个经济周期（至少6年），并且不超过五个经济周期（最多20年）。要做到这一点，投资者必须训练有素、意志坚定——不能因为短期的挫败或者高额回报而动摇。如果你因为一年的亏损就放弃了既定的策略，那就不算是训练有素（但是你或许会成为一个投机者）。如果你因为在某个领域的年回报超出预期而决定向那个领域扩大投资，那也不能算是训练有素的投资者。我们之后还会谈到其他方面的一些投资法则。

多年的经验告诉我们，资产配置是投资成功的关键所在。这不同于仅仅让你的投资组合多样化；多样化指的是购入多个行业的股票，例如在银行建仓、耐用消费品的购买、能源领域投资等多个行业。同时也要考虑人口趋势、通货膨胀、税收等方面的多种因素。资产配置指的是将资金分散在股票、房地产、固定收益的产品，以及其他另类投资品，比如贵金属、艺术品、股票期权等。在你围绕合理资产配置建立投资组合的时候，请牢记这一基本概念。利用这一方法，你也能设计出代表你的直觉、观点、应急资金，或者制胜资金的外围投资组合。如果你足够聪明，就能以稳健的核心投资起步，大概占到你投资组合的 80% 到 100%；偿付能力提高后再逐渐提高在外围投资领域的比重。核心投资将贯穿你的整个投资生涯，甚至于你退休后的收入也来源于它，因此它确实应当占据你投资组合中的绝大部分。

但是，如果你和很多企业家一样十分年轻，或者耐心不足，你会倾向于在保有核心投资的同时，也花相当大一部分钱用于外围投资。每个投资篮子里都包含普通股、固定收益产品、房地产等，所以你应该尽量使你的投资组合多样化，来减少短期风险和最大化长期收益。《7 个十二法则：谋定而动的分散化投资组合》（*7 Twelve：A Diversified Investment Portfolio with a Plan*）是关于这一话题的绝佳著作，作者是我（布莱恩）的朋友克雷格·伊斯纳尔森博士（Craig Israelsen）。克雷格博士是犹他州奥勒姆市犹他谷州立大学财务计划项目的驻校主管，在任教于犹他谷州立大学前，他曾在杨百翰大学和密苏里大学哥伦比亚分校执教。如果你热爱知识，享受数学与逻辑的乐趣，并且想要赚钱的话，他的书不可不读。

对钱能做的只有四件事情，即：①消费；②投资；③储蓄；④赠予。

你可能觉得我们应该再加上第五条：缴税，但这一项实际上要么归于消费，要么归于赠予，取决于你对纳税的感受。

正常情况下，你的支出表应包括这四项，每一项所占的具体比例则因人而异。我们年轻的时候总是倾向于花掉收入中相当大的一部分，而只将较少的部分用于投资和储蓄，这是因为我们总是想要或者需要购买各种各样的东西。尽管这很好理解，大部分人也都会这么做，但这实际上是错误的做法（稍后详谈）。

消费与投资迥然不同。消费要求你支出现金，作为回报获取一些资产、经历和体验，并最终以现金的减少而告终。投资也需要初始资金的投入，但其目的在于获得更多的资金。买车就是一个典型的例子，人们总是搞不清楚买车是在消费还是在投资。你买一辆车，然后花钱维护它。作为回报，你得到了交通工具——你可能会从中获得收入，也可能不会。有一点是确定的：除非你是一个汽车收藏家，否则你卖车所得的钱不可能达到你为车所花的钱（购买费用和维护费用）。这也是为什么当汽车销售员打着“保护你的投资”的幌子劝说我们购买附加服务时，我们常常会嗤之以鼻。如果我们所有的投资都和刚购买就开始贬值的汽车一样需要持续的现金投入，那退休时我们就只能吃土了。

消费是即时性的消耗，因为我们会立刻从中获得效用。投资则需要我们看淡当下的盈亏，关注长远的利益。你是不是应该基于这一点购买雪佛龙而不是宾利呢？当然是的，如果你没有为未来准备好足够资金的话；但是如果你为未来准备好了充足的资金，并且想要犒劳自己、享受生活的话，那就另当别论。

我们也将投资与储蓄进行了区分。我们强烈赞同，你应当准备足够的流动资产来应对3~5个月的花销，以保证你的收入中断时的生活。一旦你准备好了应急资金，就可以将大量资金投入到流动性相对较差的投资组合中了。你一定不想因为短期流动性问题而不得不在错误的时机售出股票、债券，或者其他投资。储蓄可以有多种形式，包括银行账户、床垫底下、短期国库券、短期的定期存款，或者货币市场基金。

捐赠是一个高度个人化的问题。大部分税收体系都鼓励你通过捐赠来减少应缴税额，但是如果这是你捐赠的唯一动机的话，实际上你还可以找到更有效率的减税方法。我们中的大部分人捐款都是因为捐款既能帮助他人，也能取悦自己，某种意义上这标志着我们意识到了自己有多么幸运。当然，你应该或者你能够捐赠的具体数额则超出了本书的讨论范围。

最后，很多人利用401（k）或者其他的税收优惠政策来为退休生活投资。这种税收工具对大部分人来说都很有价值，然而不是每个投资者都能完全效仿，这取决于你的年龄和你认为未来会发生什么。我们将在之后详谈。

不同的市场——不同的时机

资产配置至关重要，因为资产类别之间的关联度往往不高。这就是说，某一类资产回报丰厚时，另一类可能表现不佳。经济大趋势也能定义这个相对表现，我们会在谈及年龄主导的指导策略之前简短地探讨这一话题。

我们认为资产配置是行之有效的方法。我们赞同根据所预见的主要经济趋势来提高或者降低特定资产类别的比重。

图 12.1 显示了“二战”以后的标普 500 指数的历史数据，此图未根据通货膨胀进行调整。标普 500 指数，全称为标准普尔 500 指数，由标准道琼斯指数公司编制。注意，历史数据经过了对数标尺的调整，以避免最近的指数变化被标普 500 指数曾经攀升过的陡峭高峰所扭曲。对数标尺能帮助我们更加清楚地看到价值随时间变化的百分比。此图展示了 1998 年以来指数的剧烈变动，既有大幅度的上扬，也有陡峭的下滑。我们可以看到，相对而言，从 2000 年秋天到 2013 年末的这段时期比较平稳，指数在略多于 12 年的时间里只增长了 21.8%。与 2012 年相比，2000 年标普 500 指数增长了 480.3%。过去 10 年间，标普 500 指数的波动比相对平稳的 20 世纪 60 年代末到 70 年代剧烈了很多。

那么问题来了：我们是否应当增持股票，因为我们将要进入另一个鼓舞人心的上升期，就像 50 年代、80 年代和 90 年代那样；或者减持股票，因为我们仍将度过一段枯燥乏味的瓶颈期，就像最近几年一样。2008 年以来，庞大的流动资金注入全球经济体，由于极低的利率还有财政状况良好的消费者，概率的天平似乎偏向于良性的长期经济趋势。然而，我们的观点是，你无法准确地回答这一问题——

这也是为什么离退休还有10年的人与离退休还有40年的人往往会从不同的视角来看待股权投资市场。随着你逐渐接近退休年龄，你无法再负担资产面值减少或者被通货膨胀效应所侵蚀的风险了。在人生的这个阶段，你需要的是稳定而可靠的收入。但是，如果你还有40年或者更多的时间来扩张财富，你应该勇于尝试，充分相信股市能带给你长远的利益。

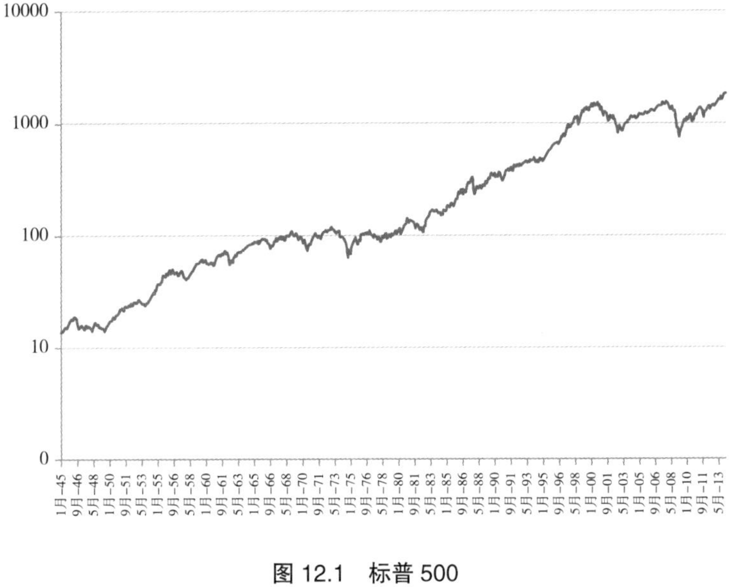

图 12.1　标普 500

数据来源：道琼斯工业平均指数，标准普尔指数。

大部分人都应该长期坚守股市阵地，问题在于投资多少，以及如何投资，不管你是在保护利润所得，还是想在投资中获利。对这些问题的回答取决于你的年龄，我们之后将进一步探讨。

股票看上去适合长期投资，债券属于固定收益投资。通过购买债券，你将钱借给某些实体——企业、政府，或者个人——并且它会根据你借给它的本金，以及债券到期时本金价值总额来付给你利息。也有一些例外，比如无附设任何利息的零息债券（zero-coupon bonds），他们面市时的价格和到期时的面值相比会有较大折扣，但是大部分债券都需要付息。

随着年龄的增长，“人们应该将资金从股票转移到债券”，这一说法成了一个坚定的信条。毕竟，你的本金最终会回到你的手上，而且在此期间你还会得到以利息形式支付的固定收入。这种投资理念在过去的 30 年都行之有效，然而在未来的 20 年恐怕不会如此。过去的 30 年，债券价格总体而言在上升，与这个时期不同的是，我们正在迈向的未来更像是 20 世纪 50 年代到 70 年代这一时期。通过图 12.2 可以看出这几段时期的不同。

学习历史的一个好处是，尽管世事易变，但你可以洞悉变化总是遵循某种恒定的规律。我们认为从 2014 年到 2030 年这一时期大致上与 1950 年到 1970 年的趋势相似——因为通货膨胀是两者共有的主要特点，而不是通货紧缩。20 世纪 80 年代到 2013 年全球经济整体紧缩，这就意味着不断降低的利率导致债券价格不断上升。通货膨胀则意味着不断提高的利率导致债券价格不断下跌。

图 12.2 月度 AAA 级公司债券价格

数据来源：联邦储备委员会。

这对我们未来的影响十分明显：如果通货膨胀将要到

来，那么购入债券投资——并认为我们在未来需要钱的时候把债券卖掉就能赚取利润是错误的。为了确保能拿回本金，你将在通货膨胀期间不得不持有债券，直到它到期——如果债券发行人没有破产的话。你不能再想当然地认为你在退休时、孩子升入大学时，或者急需用钱时卖掉债券就能获得利润。这并不包括债券型共同基金，因为它们并不会到期；它们是一组不断被交易的债券组合。但是和 70 年代的情况一样，你很难看到在利率上涨时投资组合的债券总价值的增加。此前我们讨论过，经济大萧条主要是由通货膨胀驱动的，而影响通货膨胀的因素很多，随着我们逐渐接近下一个经济大萧条时期，债券基金的净资产价值将会面临几乎无休止的经济逆风，即通货膨胀。

图 12.3 展示了美国房价的历史数据。考虑到美国、欧洲，以及部分亚洲国家（包括俄罗斯）的人口变动趋势，我们有必要谨慎关注美国房价的未来走向。需求最大的地方，或者说人口增长最快的地方，价格会涨得最快。我们可以清楚地看到，房价从 1963 年到现在几乎是一直在保持增长，只是在 70 年代和 90 年代早期，以及 2008 年的经济萧条时期出现过下滑。经济衰退会阻碍房价的上涨趋势，而经济衰退迟早会到来。从现在到 2030 年，不太可能再次

发生的是与 2008 年经济危机一同出现的房价大幅下跌。所以，房价将维持上涨的势头，不要因为暂时的波动而放弃投资房地产。一定要留意类似于“地段，地段，还是地段”的三个经济要素：水源、景观、城区。

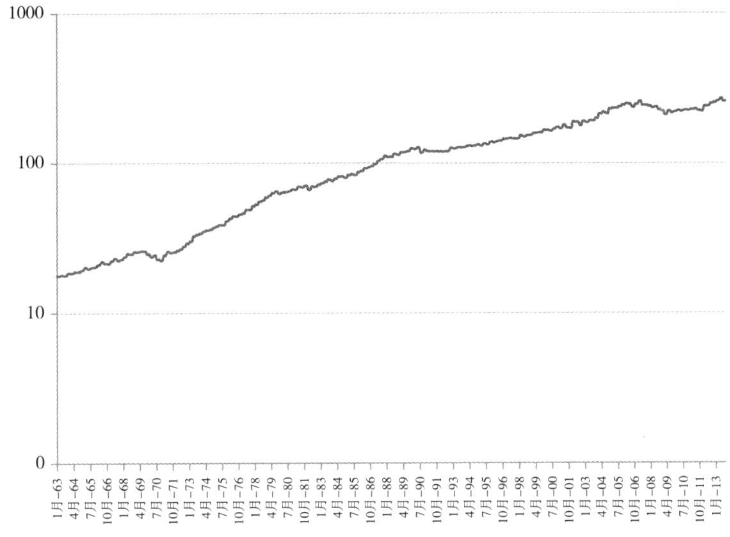

图 12.4　美国新房销售价格中值

数据来源：全国房地产经济人协会。

我们的另一个朋友斯科特·斯图瓦特（Scott Stewart）是一个对冲专家，他一针见血地撰文指出在房价上涨趋势结束时应采取的行动。

一个精明的家伙可能会在通货膨胀达到顶点时卖掉度假屋，但几乎没有人会卖掉他们的住所。比较积极的做法是卖空一只房地产交易所交易基金，比如安硕美国房地产iShares U.S. Real Estate（交易代码IYR），或者卖空家得宝（Home Depot）和普尔特房屋公司（Pulte Homes）等公司的股票。相对保守的做法则包含IYR或者之前提到过的公司的看空期权，另一个方法是购买与房屋价值相同的标普看空期权。如果股票猛跌80%，而且我们经历着长达10年的衰退期，房价可能会下跌50%到80%，这对于任何有大量抵押贷款的业主来说都是毁灭性的打击。对冲收益可以有效缓冲经济衰退所造成的打击。只要有勇气和创造力，几乎任何有能力的人或者企业都能找到应对股价暴跌的方法。然而不幸的是，那些人会因为他们的成功而显得张扬，其他人可能会将他们视作股价暴跌的罪魁祸首。但实际上人们应当赞美他们的洞见和智慧。

我们来简要剖析一种另类投资——贵金属黄金。在投资组合里加入一些贵金属是个不错的主意，因为通货膨胀会提高黄金和其他贵金属的价格。我们也应该认识到，黄金的波动非常不规律，一个想在黄金市场通过投机赚钱的人要么就是老天选定的幸运儿，要么就是一个无与伦比的读心者。不要试图掐准黄金市场的涨跌，应当把它作为长期持有的投资。

图 12.4 显示了从 1968 年到 2013 年末黄金的名义价格变动。投资黄金合理的时机是在 20 世纪 70 年代的通货膨胀时期，那时许多人将它作为通胀的对冲。通货膨胀之后的 20 世纪 80 年代，购入黄金成了绝望之中孤注一掷的投资。从 2003 年左右开始，黄金显然产生了巨大的资产价格泡沫，这是拜联邦储备委员会过早地将流动货币注入经济所赐。2013 年，金价大幅下跌，联邦储备委员会和其他中央银行为了避免经济的阵痛而倾向于采用宽松的货币政策，这有可能为我们创造一个购入并长期持有黄金和其他贵金属的机会。

从图 12.4 中可得到的结论是，下一个购入并长期持有黄金的时机与人们何时意识到通胀的到来密切相关。一旦这种意识成为主流，金价将会飞涨，直到经济萧条将通货膨胀转为通货紧缩。但是，除非我们已经位于经济周期 2014—2015 年的衰退阶段，否则我们很难具备这种洞悉全局的目光。记住：除非你感到自己幸运至极或者有先知之能，否则试图摸准这个市场脉搏总是会得不偿失。

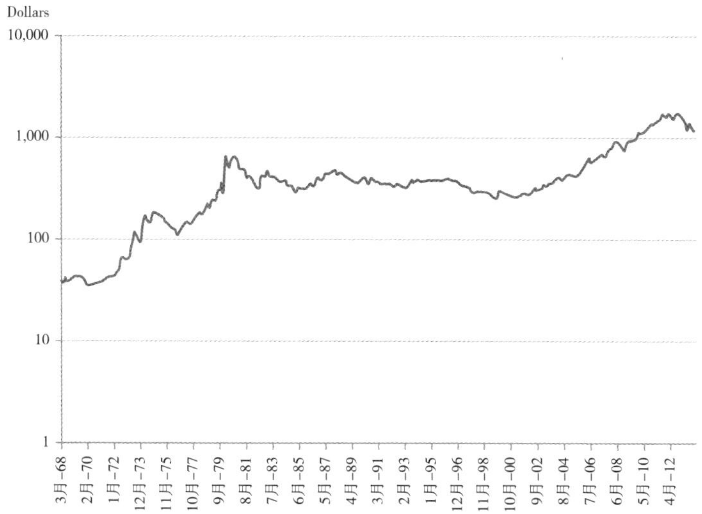

图 12.4 黄金价格（现金）

数据来源：《华尔街日报》。

你多大年龄?

我们将会分析一些大致与年龄有所关联的投资方针。我之所要用“大致”这个词，是因为风险容忍度差异悬殊，且并非总是与年龄相关。你可能是一个腰缠万贯的 20 岁青年，也可能是一个行将退休却囊中羞涩的老年人，或者是介于两者之间的中年人。不存在“一药治百病”的解决方法，你需要阅读针对每一个年龄段的建议，看看其中是否有适用于你情况的方法，或者是你的孩子，或者你的父母能用得上的建议。

20 岁

设想你是一个典型的 20 岁青年，你的职业生涯大概刚刚启程，没有积累太多资产。随着你的职责逐渐增多，技能越发娴熟，你的收入可能随之会上涨，但此刻你会感觉满足了基本的生活需要之后，收入所剩无几，而且也无乐趣可言。投资未来？根本没空。你正忙着支付租金和助学贷款，为梦寐以求的汽车首付存钱，为梦寐以求的房子或公寓存钱，或者为下一个狂欢假日存钱。正是下述做法，决定了你日后是成为所谓的富人阶层、中产阶层还是穷人阶层。

你需要在 20 岁时开始储蓄和投资。至少准备 3 个月的生活费作为应急资金，以防你失去工作后陷入无钱可用的境地（如果你认为有一大帮挚友可以患难与共，请无视这一点）。积聚一大笔资金需要保持高度的自律性，你不得不精打细算，才能在未来有所依仗。如果你做不到，也不要灰心丧气，因为美国联邦政府也做不到。但只要你尝试一番，就可从中获益。

如果你足够自律，力图攒出一批应急资金，那就应该腾出一部分钱来进行投资。具体来说，要把钱投到那些价值会增加的东西上（这时要把豪车排除在外）。记住：你年纪尚轻，有能力冒风险，因为你有大把时光施展宏图。也许你会喜爱中盘股或者小盘股，如果你在琳琅满目的理财产品前手足无措，不知如何抉择，你可以咨询你的理财顾问，问问他或她倾向于哪只交易所交易基金或者共同基金。在这个年龄段，股票可能会占据你投资组合的绝大部分。尽管这与传统的理财建议不一致，但在现实面前这或许是更加合理的做法。尽量不让股票超过你投资组合的 70%，剩下的 30% 包含现金、另类投资，或许再加上一些固定收益产品。

投资生涯的前期是承受损失的最好时机。相比 40 岁以后损失同样比重的钱，20 岁的时候更容易从损失中恢复过来。二十多岁的年轻人头脑灵活、思维敏捷，尽力发挥你的优势打败市场吧。也许你会发现你真的非常出色，也许你会发现自己只不过是幸运而已，也许你会觉得应该保守踏实一点，运用数学工具，算准时机，大赚一笔。

在你 20 多岁时，还有件事情需要注意：消费时尽量支付现金。买车、买房，以及购买一些其他大件时可以申请贷款。诸如视力检查和矫正视力的必要支出也可以用信用卡支付。但如果你没有现金购买衬衫、连衣裙、手镯、电影票，那就不要买，除非你能用现金支付。把信用卡当作私人印钞厂一样随意挥霍，可能会使你陷入财务黑洞，而且极难从中逃脱——还会让你在迈入30岁和40岁时拷问自己：为什么有人那么有钱？你已经知道答案了，但我们还是得尽到职责，再次提醒你。

30岁

恭喜！你不再是一个孩子了，甚至可能还会在这个十年有自己的孩子。你的收入还远未到达顶峰，但你的职业轮廓应该在逐渐明晰。你在20多岁时养成的好习惯和自律性现在依然极有价值。现在应该更认真地对待资产配置和分散风险，并且还要更深入地理解复利的奥秘——你要明白你离退休还有30多年，所以你要保持稳定的收益，而不应追求一夜暴富，半生无忧。

记住我们此前所讨论过的核心投资组合，以及如何在建立核心投资组合之后配备外围投资组合。你应当在30岁时建立核心投资。你可以将投资组合比作人体，如果没有核心力量，就易引发头痛和腰痛，甚至可能还会伴随着膝盖问题，以及其他一系列小毛病。所以核心投资的重要性可见一斑。如果你不知道这对你来说意味着什么，如果你想要一对一的咨询服务，你可以咨询我们的理财专家，来自内布拉斯加州林肯公司的克拉克·贝林（Clark Bellin）[①]，如果你更倾向于自学的话，可以阅读克雷格·伊斯纳尔森的著作《7 个十二法则》。

除了建立核心投资组合之外，你也应该考虑外围投资的问题了——比如说增持房地产、贵金属，以及某些技术企业的股票。另外，你也应当思考如何解决成人教育和职业学校的学费问题，如果你准备转换职业方向，但还未准备好足够资金的话。

尽管学生贷款仍然穷追不舍，但是你一定要确保房地产占据你投资组合的大部分，以此来对冲通货膨胀和美国人口结构变动。购置临近水边、环境优美的房屋而非郊区的房子，利用供给与需求的法则。如果我们迈入了通货膨胀的新时代，至少保证 5% 的资产投到通胀保值的产品上，

---

① 克拉克供职于 NFP 证券公司的证券和投资咨询服务部门，也是美国金融业监管局(Financial Industry Regulatory Authority)和证券投资者保护公司(Securities Investor Protection Corporation) 的成员。

房地产和通货膨胀保值债券（Treasury Inflation-Protected Securities），以及贵金属（长期持有）均在此列。尽管通货膨胀保值债券在次级市场流动性不高，但它胜在能保值，可以帮你支付女儿或儿子上学的费用。

狂放的 20 岁已经离你而去，你需要更加谨慎，每年对你的投资组合和整体金融环境进行认真审视和评估。根据伊斯纳尔森的建议，对核心投资组合的调整一年进行一次就够了——但万万不可忘记调整。

30 岁悄然而至，初生牛犊不怕虎的无所畏惧应稍加收敛，你应该将股权资金所占投资组合的比例从 65% 降低到 55%。购入一些长期债券，它们大约占据你投资组合的 30%，余下的钱则用作另类投资。问问你自己，是否有足够的人寿保险，以及你应该购买哪种人寿保险。尽管这个话题应该在另一本书上讨论，但你确实需要和你信任的人谈谈，弄清楚为什么你想要那种人寿保险。知道了为什么，也就知道了该买多少。

在 30 岁时，抓住每一个投资未来的机会，利用一些闲钱——它们可能是上涨的收入、继承的遗产、中奖的彩票。理想状态下，你应该把总收入的 10% 投到能升值的理财产品上。

40 岁和 50 岁

通常情况下，你的收入会在此时达到顶峰。你大把收获金钱，投入核心投资组合和现有的外围投资组合中，适当建立新的外围投资。时间和知识不会一成不变，你的投资组合也是如此。但是一定要确保不同种类资产配置的合理性，以最大化长期收益。同时，你也需要加入一些固定收益投资产品。在这个年龄阶段，无论是在你的投资组合中还是在市场上，你都容易产生过分倚重表现良好的理财产品和过分低估表现不尽如人意理财产品的倾向。尽管调整投资组合是明智之举，但一定要小心，市场变幻莫测，上一年的明星理财产品来年也许会败得一塌糊涂。

尽管债券受通货膨胀影响很大，但你现在已经迈入了平稳的中年，可以一直持有债券，直到它们到期。如图 12.2 所示，你可以在需要钱的时候找到一个合适时机卖掉债券，但是在漫长的通货膨胀时期这可行不通。碰运气不能被称为策略。计算到期收益率，而不是当期收益率或者债券票面利率，因为你要持有它们直至到期的那天。如果你发现到期收益率十分诱人，那将证明你投资成功。“诱人”是相对而言的，但无论如何，在一资产类别中回报率超过

6% 毫无疑问是非常优秀的。增加投资组合的债券风险会使债券价值波动的幅度加大。记住，在通货膨胀时期，只有拥有实际的债券，而不是债券基金，才能降低通货膨胀的风险。

如果离 2030 年还有七年或者更长时间的话，你要把房地产和贵金属作为核心投资组合的重要部分。随着 50 岁的离去和 60 岁的逼近，你可以适当提高谨慎度，更多地去关注固定收益产品。我们认为在你 60 岁之前，债券和一些其他固定收益证券应该占据你投资组合的 40% 到 50% 左右。如果另类投资在你的投资组合中还有一席之地的话，那么在 60 岁到来之前股票投资占比应约为 30% 到 40%。

退休前的最后阶段

退休前几年应该力求财富保值，而不是财富积累。你不会希望自己的资产处于风险之中，因为在投资生涯的晚期你已不堪承受价值的减损。记住，如果价值下跌 10%，那就需要再上涨 20% 才能回到原有的价值水平，而 20% 的增幅不可能一蹴而就，需要花费许多时间，但你的时间也许没有那么充裕了。

金融领域不存在真正的保本。任何现在大赚的产品在恶劣环境之下都可能变得一团糟，尤其是在美国和其他国家的债务问题削弱了政府应对未来危机能力的情况下。明白了这一点后，保值的渴望就要压过升值的渴望。你应该将投资组合加以调整，使其更偏向未来的收入流，这意味着你要逐渐远离不发股利的股票现实。

补充一点题外话：我的朋友克雷格·伊斯纳尔森在他的书中指出，关注于退休生活的共同基金通常都不会发挥太大作用。你必须要根据自身情况去咨询了解，收入需求和风险容忍度高的人，方可做出决定。这可能很难接受，但确实不存在任何只考虑年龄的“一刀切”理财计划。当我（布莱恩）65 岁左右的时候，我的外围投资组合只会包含升值的普通股，而核心投资组合则主要是有收益且能保值的资产。

大萧条的开始：所有年龄段都适用的好建议

政府或者其他组织不会发布大萧条将要来临或者已经降临的声明。我们不可能确切地知道未来会发生什么。我们的建议是：①不要贪心；②确保在迈向 2030 年的时候你还能睡得好。如果你觉得时机来了——我们准备通过ITR经济咨询公司帮助你——方法很简单：出售——股票、债券、房地产，它们都可以卖掉。你不会想要持有那些在萧条期间价值不断下降的资产。你可能不愿卖掉房子，因为你（可能还包括你的孩子）需要一个居所，但从纯粹的经济学观点来看，你在经济衰退之前将房子出售所得的收入抵得上很多房租。最后，你可能需要在这个阶段精打细算，搬进小房子里（再次说明，假设你没有孩子）。

你已经抛售了投资产品，现金朝你滚滚涌来。你可能持有的是美元、日元、人民币、欧元、里拉等等。持有何种货币并无关系，因为我们的建议始终如一：安全至上！最切实可行的方法是购入年金保险或者政府债券。我们认为美国将会是经济大萧条的震中，所以在经济危机尚遥远时不要购买美国政府债券。但是目前的趋势表明，加拿大、澳大利亚和瑞士的政府比较可靠。我们的评判标准包括政府债务状况、自然资源储量、人口特征，以及政治稳定性。

如果你的择时能力良好，你可以在利率较高的时候购入债券，因为利率在通货膨胀的推动下在不断增加。不仅当期收益率能给你带来较高的回报，如果你决定持有债券至到期，也能获得不错的到期收益。当然，你可能没法这样做，如果债券是可赎回债券的话，这意味着当利率降低而且政府想减少利息支出的时候，发行债券的政府可以强迫你把债券卖给它（你会有一些收益，如果方法得当）。债券被赎回的时候——或者离大萧条还有3~5年时——开始购入硬资产。没必要匆匆忙忙，但你最好按照自己的节奏进行。

关于经济大萧条的一项关键举措是，你要调整投资结构，把升值的资产换成带来收入的资产。这需要你暂时停止按照传统方式进行资产配置，而购入大量生息资产，这类资产的利息不与资产价格直接相关，不像股票和房地产那样与市场直接挂钩。此前介绍的购买政府债券的方法可能并不适合你，你应该多考虑固定年金和可变年金。本质上来说，就是你投入一笔资金，然后再把那笔资金和它产生的所有投资收入取回。不是所有的年金都是一样的，我们强烈建议你咨询一位在这个领域有经验的国际金融理财师。选择恰当的年金和政府债券会是保守投资者的好选择，它能为你提供生存必需的现金，保护你不受资产价格下降的影响。

下一章中，我们会寻找一些路标，提示我们已经来到大萧条的悬崖边缘，告诉我们该到重视安全的时候了。

第十三章

如何定位经济顶点（在大萧条之前）

对经济萧条的讨论贯穿本书的大部分章节，我们独创的经济周期理论表明应当时刻牢记这条时间线索。但经济学并非一门精确科学，萧条可能来得早一点，也可能晚一点。当然，世事难料，振奋人心的新技术或者政府的思维方式发生革命性变化可能会突然降临，从而缓和我们预想中的大衰退。尽管我们无比期望这种奇迹出现，但也不能因此忽视现实。

因此，本章会介绍八个能够判断经济衰退会在2027年，还是在2033年开始的信号。必须记住，我们讨论过的经济周期要求对事件和趋势进行综合分析，不要因为一个信号出现就大呼末日降临。美国和全球经济具有足够强的适应能力，因此，只有多个因素同时出现才能确定衰退的到来。

从2014年中算起，我们在大萧条之前可能还会经历3~4个正常经济周期。至少两个周期会牵涉到衰退，会有

1~2 个周期是软着陆——即出现经济发展减缓，而不是崩盘。在衰退期间，经济活动显著收缩，一般会持续两个季度以上。从现在到经济大萧条的这段时期可能会出现几次小衰退，你可以把它们视作通往顶峰道路上对经济系统不平衡部分的纠正，直至大衰退的到来。

基于过去已经发生过的 22 次经济衰退，美国工业产量的年平均指数表明，一般的衰退会包含 12~18 个月持续的工业产量下降。这种从高峰到低谷的下降比例或可低至 3.6%，或可高达 19.5%。2008—2009 年的经济衰退长达 21 个月，而且用现代标准来看也是一次剧烈的衰退，工业产量下降的比例达到了 14.6%。与此相比，距今较近但也很剧烈的衰退发生在 1980—1983 年,这次衰退持续了 31 个月，工业产量下降了 7.3%，但在 1984 年又回到了历史性高位。而 2008—2009 年经济衰退的影响十分深远，直到 2013 年末指数才再次攀升到历史高位。换言之，工业产量足足花了 4 年才完全恢复并重新开始增长。然而，我们预计 2030 年后的十年将会是一段漫长的停滞期。也就是说，经济尚未完全恢复时就会再次发生衰退，然后又开始一段不完全的恢复期，如此循环往复，导致十年内增长速度几乎为零，或者只是微不可见的增长。

我们认为 20 世纪 30 年代的经济萧条不会重演，因为那时的经济比现在和未来都更不稳定。上一次经济萧条，美国的工业产量在 40 个月内减少了 48.1%，劳动人口的失业率达到了 25%。下个经济萧条的初次下降趋势将会超过 18 个月（正常范围内最长的下降期），下降的比例也会超过 1980 年初的 7.3% 和 2008—2009 年的 14.6%。但这只是初次下降，还会有接踵而至的——尽管是不完全的——恢复，然后是另一段下滑期，以及又一个恢复期。这种循环会持续十年，我们会度过长达十年的零增长时期。所以，如果我们遇到的下降期持续时间没有超过 18 个月，下降幅度也没有超过 6.7%~10.2%，而且经济指数在 36~48 个月内就从低谷回到了破纪录般的高位，那么它就称不上经济大萧条。我们所面对的只不过是通向经济大萧条路上的预热般的周期性衰退。

领先指标的下降是萧条来临的前奏，但是它们也会伴随着经济周期而下降，因为我们很难判断它下降的真正缘由。预言下个经济周期影响重大的关键之处就在于，掌握领先指标系统下降的幅度和判断哪一项指标下降得最快。

经济萧条的八个信号

（1）如果人们一致认为通货膨胀会一直持续下去，商品价格会不断上涨，那么经济大萧条很可能一触即发。在20世纪70年代，一些聪明的家伙议论纷纷，认为油价会涨到超过每桶200美元。尽管这种极端的价格并未成真（对此应感到幸运），但人们认为可能性确实很大。当你看到或者听到你周围的人们都确信黄金、石油、普通金属或某类燃料的价格会不断上涨，并且这些人开始着手准备应对价格上涨的现实的时候，你就会明白，经济系统不久就会按下触发经济萧条的复盘按钮，以此来自我调整。在20世纪90年代的互联网泡沫和2005—2006年的房价泡沫中，我们也看到了同样的情形。人们自以为价格会一直上涨，他们会从中大赚一笔——但我们都知道最后事与愿违。不幸的是，我们似乎不是很擅长吸取教训，过去的那种心态依然会在大萧条降临之前上演。

（2）另一个信号是经济风暴席卷之前3~5年的相对平稳时期。尽管2019年会遭遇一次经济衰退，但衰退的阴云散去后将会有一段比较繁荣的时期。美国这一相对稳定的黄金时期——基于有所改善的能源状况（包括国内的资源储量和进口能源）——可以为美元提供后盾。在我们进入下一个十年的前3~5年，这反过来又可以抵消随通货膨胀产生的各种糟糕数据和现象。美国在这一时期的好运使其能暂时无视日益恶化的经济扰动因素，这些因素包括：上浮的利率、老龄化人口、上涨的医疗卫生支出、攀升的一般通货膨胀水平，以及政府对私人部门囊中财富的加倍攫取。当人们确信和平与繁荣遍地开花的时候，当你开始读到关于经济周期结束的头条新闻时，你都要保持警惕。令人惊奇的是，这些声明往往会成为经济衰退的前兆。

（3）第三个信号是年老一辈迟迟不肯把权力交给60年代末出生的那一辈人，这会导致日益加深的党派分歧。缓慢的权力交接过程意味着，我们很难就如何应对本书所讨论的经济萧条起因达成共识。年纪增长，“智慧”跟着增长的人是少数，尤其这里说的智慧包括接受他人的合理异议和更好的计划。一般而言，一个人的思想在某个年龄段后越发会显得僵化，因而老龄化的人口会增大门户之见形成的几率。我们可能会失去挖掘新想法和新观点的能力或者意愿。纵观历史，我们是通过把权力交给下一代（年青一代）来解决这个问题的，但是延长的平均寿命减缓了这一过程，也削弱了及时采取解决办法的政治能力。达成各方都认可的折中解决方案的希望总是存在的，但希望的大小有待进一步观察。

（4）如果你看到企业利润是由价格抬升而不是由生产效率提高来推动的，那么你就应该担忧经济萧条的到来。生产力的提高曾经是过去二三十年间标志性的趋势，但有迹象表明这种趋势正在减弱。随着经济大萧条越来越近，追求技术创新和创造竞争优势的需求对企业的偿付能力来说是非常重要的。然而，历史表明，增加利润最简单，也最常用的方法就是保证价格上涨速度快于生产要素成本上涨速度（适用于服务公司和制造公司）。利润的上涨会引起股价的提高或者股东生活水平的提高。这条捷径最终会使我们在经济大萧条期间面对惨烈的竞争时陷入束手无策的境地。如果你发现利润越来越由高超的定价技巧，而非工艺流程的改进来推动时，你一定要感到忧虑，因为经济正在失去修正内部不平衡的能力。你可以十分肯定不远的前方会出现经济大萧条。

（5）注意：经济体的内部失衡（比如美国、中国或其他大型经济体）比经济体之间的失衡情况更为严重。我们可能会在全球经济体制内享受相对繁荣，直到发达国家的通货膨胀率接近两位数的水平。繁荣意味着国际纷争更少，贸易壁垒演变成贸易战争的概率也会更低。双边贸易协定可能会得到更广泛的认同，从而惠及国与国之间的关系。经济体内部失衡的迹象包括经济阶级斗争（不管是真实存在，还是收到了扭曲数字的推动）、通货膨胀引发社会冲突，以及教育在政府不加大干涉的情况下越发昂贵。留意这些类型的失衡，提早发现潜在的危险。

（6）当你听见专家和领袖在历史与逻辑面前大放厥词，称“这次不一样”时（指没有以前的经济衰退严重），应保持警惕。领先指标和内部计量体系能很清楚地显示美好时光就要结束的这一事实，但是管理层总是认为增长会一直持续下去，过去的经验不足以成为依据，而且“这次不一样”。股市在未来某个时间点也会发生同样的事情：它会在脱离引力的趋势之中进一步攀升。最终，只有一部分人会好奇或者质疑这种增长是否具有可持续性。对这种不合理的增长不可能有合理的解释，但是许多人会争相提出各种新理论和新范式，而这只是“这次不一样”宣言的另一种版本而已。当你看到这种言论出现在股市中或者经济增长中时，一定要保持高度警惕。我们绝不应该，也不能忽视债务的增加，以及我们此前描述过的各种各样的问题，但是人们总是会忽视它们，认为增长的动力无穷无尽。把这一条加到你的路标上，事实上它可能是衰退前最后出现的迹象。

（7）可能会出现新兴的经济力量推动全球经济发展。东欧、非洲部分国家，以及中美洲的经济地位会提高，就像曾长期占据新闻头条的中国、巴西、印度、俄罗斯一样。这些新兴经济体具有如下优势：①年轻的人口结构；②庞大的可利用的自然资源储量；③缺乏旨在保护经济现状的规则；④三者的结合。需注意：这些因素恰恰也是另外几个经济萧条的驱动因素，并能向我们提供关于未来的已知的信息。

（8）政客和凯恩斯主义经济学家必然会断言，国家在未来的15年内都不会破产——世界仍然在购买美国债券——是铁铮铮的事实，这表明事态尚可控制。尽管不太科学，甚至不怎么符合逻辑，他们的言论还是给很多人带来了心理安慰。这是所有错误逻辑的变体：我知道吸烟有害健康，但我现在活得好好的呢，它能有什么危害呢?

下一章我们会详细探讨下一代需要知道什么，才能在未来的变化中有效地管理生活与事业，即使本章中提到的信号随时出现。

第十四章

下一代需要知道的事：下一代必做的六件事

变化持续不断，新一代企业股东、公司领导人、企业经理需要以变应变，适应未来的经济图景。新的经济形势会给那些缺乏经验、教育和培训的人带来极大的挑战。本章为当今的领袖和投资者提供了成功路上所需的见解与信息。

股东和经理必须做的事

上一次工业化世界经历系统性通货膨胀还是在20世纪80年代早期，这意味着有整整一代人在成长的过程中都没有真正意识到通货膨胀的影响，更不明白如何来应对它。他们无法想象消费者价格指数可以攀升到5%、7%，甚至10%会是什么样；因此他们尚未准备好带领他们的公司和员工度过这不可避免的动荡岁月。

他们必须改变签订合同的方法。有一些价格指数可以为合同中的价格浮动因子提供实用的计量方法，我们已在第五章中全面地探讨了这一话题，现在我们只会提醒你，在签订长期合同时，利用生产者价格指数或者原料价格指数能有效减少亏损，提高利润。

你也需要在通货膨胀期间改变管理库存的方法。“踩着时间节点”的方法在通货膨胀期间可能并不是你的最佳选择。如果能在通货膨胀周期之初就能完成大项采购和借钱，企业会从中大大受益。提早完成这些支出能使你在通货膨胀后用贬值的货币来弥补固定支出。在你努力提高公司的市场地位和争取财政优势时，这一策略会给你带来滚滚的财源。

从现在到 2030 年，公司领导者共有的任务是在管理员工预期的同时，找出应对膨胀的成本结构方法。这就要求你意识到，自己必须尽快适应身边源源不断产生的新事物与变化的经济环境。老方法不再管用了，反应慢的人不会再有二次机会。

通货膨胀滋生了低效。涨价会变得比较容易处理，而且公司能用它来掩盖内部流程或者系统内出现的问题。成功的股东和经理不会一味提高价格，而是会坚持不懈地在提高价格的同时，通过提高效率来增加收益。这可以改善现金流和盈利状况，而这两者对于安全度过经济大萧条并扩大销售路径都是至关重要的。依赖通货膨胀来保证盈利的竞争者将会在经济大萧条中陷入举步维艰的境地，业务上微小的下滑会直接威胁到他们的利润，而高效的企业将能维持企业的利润。

曾经有一段时期，工程师、科学家、程序员，或者其他技术天才能自己创立并领导一个公司长达数年，而不用陷于人事管理和其他更大领导目标的泥潭之中。我们此前论述过的人口结构变动趋势表明：随着2030年的临近，我们已经很难再找到一个兼具技术才华与人际沟通能力的天才团队了。劳动市场的缩水意味着，潜在员工对他们想在哪工作，以及想为谁工作有更大的选择权。现在具有技术背景的年轻领袖应该攻读工商管理的硕士学位或者相关科目，并且努力发挥自身的领导才能。这样他们才能吸引最优秀、最聪明的人才，建立众志成城的高利润团队。若在职培训效率低下，将会失去很多机会，造成很大的损失。

上一段话要求我们具有改变方法和适应当前环境的意愿，这在经济萧条开始后会是一种非常宝贵的品质。领袖们需要尽快适应衰退的经济环境，他们必须进行初步讨论，制订计划，然后加以修订，修订后的计划需要能应对急剧下滑的业务状况。人类本性会使得很多人妄想困难是暂时的，风暴将很快过去，但事实上并不会。如果公司和职工想成功撑过衰退期，商业领袖则需要尽快执行考虑周全的计划，这种计划要能在恶劣的环境中处理现金流大幅减少的问题。

我们给下一代的六大建议也适用于公司，能帮助公司度过未来可能会到来的经济大萧条。

下一代（和公司）必须做的六件事

我们不仅希望我们的孩子能在经济萧条中生存下去，还希望他们能茁壮成长。此前的章节已经为他们提供了一些从现在到2030年适用的投资建议，下面则是六个简单的步骤，这可以在世界分崩离析之时确保他们能安稳度过。

（1）年轻人必须学会量入为出，学会为他们的未来投资，而且必须从小做起。几乎每个人都应该从收入里攒点钱，然后用这些积蓄购入一些股票，因为21世纪的投资收益很可能超过通货膨胀速度。投资的目的在于最大化应急资金储备，保证将要退休的人，或者失去工作的人不会陷入无钱可用的境地，而寄希望于政府，而政府恶劣的资金状况会导致它大幅削减福利。

（2）除了英语之外，掌握一门第二语言。英语是一门通用的商业语言，法语也是一门广受欢迎的语言，就像英语一样。众所周知，法语在非洲的大部分地区都是实用的第二语言。非洲前景光明，能使用英语或者法语进行交流将具有一个明显的竞争优势。

（3）每一个家庭，甚至包括只有一个人的家庭，都应该拥有多样化的收入来源。这种情况下，当一种收入源干涸的时候，还能依靠其他的收入源维持家庭支出。股利和出租的房产是绝佳的额外收入来源，可以将它们积攒起来以供未来之需。你的家庭里若有两名上班族，就应当注意两人是否供职于同一个行业，或者处于经济周期中的同一部分。例如，如果两个人都在机械出口公司工作，那么很可能两个人的收入会同时受到行业衰退的影响。家庭应尽可能确保收入来源的不同。例如，一个人在公司上班，另一个则就职于司法部门、消防部门、医疗行业、保险公司、学校或者养老院。两个人都在同一个公司或者同一个行业工作会显著增加发生财务问题的风险。

（4）获得一项因为受经济大萧条刺激而产生的收入。

在当前背景下，两个需要注意的因素是人口结构和通货膨胀。当世界人口从现在到20世纪中期会增长十亿的时候，致力于使生活更美好、更健康、更长寿的研究与职业无疑会十分吃香。人口结构变动也为娱乐行业创造了机会。随着中产阶级的壮大，闲暇时间的增多，人们对各种娱乐方式的需求急剧增加，因而娱乐行业很可能会是一个利润丰厚的行业。在通货膨胀时期，自然资源是校园学生和职场人士的首要关注点，能源开采和节能产业将拥有重要地位，且具有互补性价值。

（5）我们的下一代必须在2030年之前尽可能完全付清所有的债务。比如在2030年之前付清房贷和车贷。信用卡还款或许令人讨厌，但最起码带不走你的房子。学生贷款也应尽可能付清，但付不清也不会导致你无家可归。最好的建议当然是付清一切债务，这在收入急剧下滑的时候能给你带来最高的现金流量。没有人能把你的一切东西都收回。制订一个2030年前付清所有债务的计划，从而保障你的未来。

（6）做好购买准备。下面列出的三件事可以创造增加财富的机会。股市在萧条期间会一落千丈，这意味着大公司的股价将会很低，有足够现金的人可以主动出击，通过购入股票来创造可观的财富。那些有能力购买房产的人也能把经济大萧条化作自身的优势，因为房产的价格和租金必定会在萧条后得以回升。最后，做好购买完整公司的准备，因为老龄化的人口和恶化的经济会给公司带来可观的收益，从而使公司再次成为具有稳定盈利能力的公司。寻找那些陷入绝望、资金见底的公司——或者在全新的行业中寻找这样的公司。你会发现你正在为自己的商业帝国打下基础，它会使你和你的后辈在2040年及以后的日子里腰缠万贯。

大部分人都害怕经济大萧条的到来。本章讲授的方法不仅是为下一代，也适用于公司。运用这些方法可以把经济衰退变成一生的机遇。你需要从现在开始做好准备。

第十五章

还有希望吗？

人类的伟大之处就在于他们会展望未来。我们这本书所描述的事实可能会令人心烦，毕竟有谁会盼望着席卷世界的经济大萧条到来呢？但它们指向着一个必然的事实，而且我们也分析了个人和公司如何能创造更好的未来，不仅仅是勉强生存，而且是取得成功。

人们经常会问，有没有什么事可能或一定能改变我们对未来的看法，使我们分析的策略和方法失效。确实存在能改变历史走向的事件，它们会改变贯穿本书始末对于未来的预测。就算未来不存在经济大萧条，我们之前论述的策略和方法仍然可能帮助你建立和维持财务安全意识。

如何避免 2030 年的经济大萧条？

政府和政策制定者可以暂时抛开成见，并在棘手事务上适度妥协，从而改变我们的未来。国会和行政部门有权力延迟千禧世代（出生于1977—1994年）和之后几代人的退休年龄，以此来重塑我们的未来。延长公民医疗卫生和社会保险体系交费的期限可以有效提高政府偿付能力。现在40岁的人同意工作到72岁,30岁的人同意工作到75岁，以此类推。他们中的很多人将不再是经济的主力军，因此法律改变不会有看起来那么艰难和严苛。由于婴儿潮一代的退休，不仅社会对他们的能力有更高的需求，而且也需要他们比婴儿潮一代交更长时间的税。不管是国会还是人口状况，现在似乎都没有什么能够带来变化的大规模运动。我们等待的时间越长，变化就会越剧烈。

所有层级的政府都认为节俭是稳定之道和繁荣之道。我们的领袖必须量入为出,为至关重要的项目提供资金——这与当前两年一选的众议院选举周期和国会运行方式截然不同。这一条道路需要我们压制特殊利益集团，并要求国会把国家利益放到州的利益之上。国会成员由各州选举产生，代表的是他们各自的利益，而不是全国人民的利益；因此，国会观念上的巨变和关键使命模式的发展不太可能成为现实。

我们也可以倡导体魄强健、饮食均衡、生活健康的生活方式，这将会使医疗卫生支出大幅减少，降低到只略微高于婴儿潮时期的水平。仅此一项就可以节省高达上亿美元的开支，并能显著地影响我们的未来。但是目前我们的制度没有为个人改变生活方式提供任何金钱激励，所以指望人口变得更健康，特别是老年人口，几率就如同指望彗星撞地球一般（这是另一个会使我们对萧条的预测方向发生变化的小几率事件）。

技术进步也会显著地推动未来朝着更好的方向前进。新能源可以极大地刺激美国经济发展和税收收入的增加，就像电脑时代和互联网时代一样。但是为了保证新增收入，就业和税收会成为现在国家最亟待解决的问题，我们一定要确保这些技术都是“美国制造”。

医疗技术的革命性突破将会对未来产生重大的影响。比如，由于技术进步，膝盖和髋关节疾病不再需要通过移植就能治愈了。这样的医学突破能使我们花更少的钱轻松医治棘手的症状，比如黄斑变性、关节炎、肺部病变等类似的小问题。这听起来不可思议，但确实可能发生。世界各地的生物科技公司，比如旧金山的 Bio-Time，正在努力使再生医学让所有民众共享。这项技术用患者体内的细胞再生器官进行治疗。尽管这项惊人的技术尚在研究阶段，但它潜力十足，并可能在未来的 10~20 年就成为寻常之事。

但遗憾的是，那时候已经太迟，无法改变当前的经济走向。

任何技术都需要大量的时间来发展，在美国，它必须经过重重检验和人体试验，才能最终走向市场。但这些医学突破不大可能马上会成为现实，尽管我们喜欢那些想法。癌症或者其他一些疾病的治愈从社会发展的角度来看无疑是伟大的，但如果治疗成本非常高昂的话，它也不一定能减少低医疗卫生费用的支出。

其他经济实力雄厚的大国可能会借钱给我们，让我们应对不断增长的开支，但那些国家在这个时期也会自身难保。严峻的国内矛盾会使它们集中力量处理国内事务，而不是借钱给债务缠身的美国。

换个角度看 30 年代

所有关于 20 世纪 30 年代经济大萧条的电影、照片和媒体报道都描绘着深重的灾难：饥饿人群排成长队，住房被无情地收回，失业人口不可计数。我曾经问过我的母亲，经济大萧条对她的童年产生了怎样的影响。然而出乎我意料的是，她告诉我，她事后才知道原来发生了经济大萧条。她说她的父亲，也就是我的外祖父，是一个保守而计划井然的人，他没有失去工作，也没有因为股市暴跌或者房产价值下降而失去大量财产。他一直养活着家人。妈妈甚至说，他们的饮食起居就如以往一样——十分简朴。

这是我们应该实现的目标。我们会努力保护我们的晚辈不受经济动荡的影响，免于贫困的伤害，这样他们可以告诉他们的孩子其在经济大萧条期间过得很好。实际上，如果遵循本书的建议，他们可以做得更多——创造财富，造福后代。

一个不同的未来

2030 年会给我们中的很多人提供一个前所未有的机会，让商业领袖和投资者证明，自己其实也是慈善家。世界上永远都不会缺少帮助他人的机会，不管是通过人才招聘、食物救济，还是提供短期工作机会。我们可以通过做好面对经济大萧条的准备来为我们的员工提供最大的福利。这种准备可以为美国提供数以百万计的工作岗位，意味着数百万家庭都能安全度过经济萧条，免于饥饿或损失。

我们希望，21 世纪 30 年代企业要展现出的慷慨与善心可以向两代人证明：企业领袖并不邪恶贪婪。我们希望政府随意花费金钱的错误观念可以止于当下。2030 年冷酷的现实可能会激发人们自我奋斗的精神，他们勤奋工作、制订计划、发展教育、激情创业。

小　结

我们是企业家，这意味着我们可能会是你遇到的最满怀希望的人。企业家通过冒险与努力使梦想变为现实。如果一个人不相信梦想——如果一个人不相信梦想可以成为现实——那么希望就无从谈起。没有人愿意做第一个吃螃蟹的人，我们希望未来变得更好，给我们的家人、我们的朋友和客人、我们的团队成员带来福祉。如果之前我们没有做到，那就从今天开始吧。

在我们与家人和企业携手迈向未来之时，我们必须客观地看待未来，合理地评估风险。是的，科学技术与兄弟情谊可以改变未来，我们可能不会遇到 2030 年的经济大萧条；政府也可能做出巨大的改变，让美国再一次成为财政稳健的经济力量，这并不是没有可能。然而，对现实的冷静观察表明，这种事情发生的可能性非常小，所以不值得我们无视所有的走势情况与数据，而盲目地寄希望于未来的改变。我们把自己当成大家庭的一员，身负责任与担当意识，为将来的风暴做足准备。一个船长如果无视天气预报，不调整航向或者做出应对措施，盲目地继续前行，那他就是一个彻头彻尾的傻瓜。一个受人尊敬的船长应该让他 / 她的船只和船员为将要发生的事做好准备，从而成功避开风暴，安全到达目的地。努力向前航行吧，愿你一切顺利！

参考文献

Associated Press. "Bernanke: Fed Ready to Cut Interest Rates Again: 'We Stand Ready to Take Substantive Additional Action,' Fed Chief Says." NBCNews.com (January 10, 2008). www.nbcnews.com/id/22592939.

Bernanke, Ben S. "The Subprime Mortgage Market." Speech given at the Federal Reserve Bank of Chicago's 43rd Annual Conference on Bank Structure and Competition, Chicago, May 17, 2007.

Center on Budget and Policy Priorities. "Policy Basics: Where Do Our Federal Tax Dollars Go?" Last modified April 12, 2013. www.cbpp.org/cms/index.cfm?fa=view&id=1258.

Congressional Budget Office. *The 2013 Long-Term Budget Outlook*. Last modified October 31, 2013. https://cbo.gov/publication/44521.

Desjardins, Lisa. "Why the U.S. May Never Have a Balanced Budget Again." CNN.com (March 29, 2012). www.cnn.com/2012/03/29/politics/balanced-budget.

Ehrlich, Paul R. *The Population Bomb*. San Francisco: Sierra Club/Ballantine Books, 1970.

Federal Reserve Bank of St. Louis. "State and Local Governments, Excluding Employee Retirement Funds; Credit Market Instruments; Liability, Level (SLGSDODNS)." 2013. http://research.stlouisfed.org/fred2/series/SLGSDODNS.

Greenlaw, David, James D. Hamilton, Peter Hooper, and Frederic S. Mishkin. "Crunch Time: Fiscal Crises and the Role of Monetary Policy." Paper presented at the U.S. Monetary Policy Forum, New York City, February 22, 2013.

Israelsen, Craig L. *7Twelve: A Diversified Investment Portfolio with a Plan*. Hoboken, NJ: John Wiley & Sons, 2010.

KPMG International. "Corporate Tax Rates Table." Accessed March 8, 2014. www.kpmg.com/global/en/services/tax/tax-tools-and-resources/pages/corporate-tax-rates-table.aspx.

Meadows, Donella H., Dennis L. Meadows, Jørgen Randers, and William W. Behrens III. *The Limits to Growth*. New York: Signet, 1972.

Office of Management and Budget. "Table 1.3—Summary of Receipts, Outlays, and Surpluses or Deficits (–) in Current Dollars, Constant (FY 2005) Dollars, and as Percentages of GDP: 1940–2018." Accessed March 8, 2014. www.whitehouse.gov/omb/budget/Historicals.

Smith, Jaynie L. *Creating Competitive Advantage: Give Customers a Reason to Choose You over Your Competitors*. With William G. Flanagan. New York: Crown Business, 2006.

Social Security and Medicare Boards of Trustees. "A Summary of the 2013 Annual Reports." Social Security Administration. 2013. www.ssa.gov/OACT/TRSUM.

Torres, Craig, and Scott Lanman. "Bernanke Says Risk of 'Substantial Downturn' Has Diminished." Bloomberg (June 9, 2008). www.bloomberg.com/apps/news?pid=newsarchive&sid=aH6u3wsqwMFM.

U.S. Census Bureau. "International Data Base." Last modified December 19, 2013. www.census.gov/population/international/data/idb/region.php?N=%20Results%20&T=10&A=both&RT=0&Y=2030&R=120,130,142,150&C=#IDBTOP.